LEARN TO COMMUNICATE
WITH THE PUBLIC

跟任何人都聊得来

高山　编著

吉林文史出版社
JILINWENSHICHUBANSHE

图书在版编目（CIP）数据

跟任何人都聊得来 / 高山编著 . -- 长春 : 吉林文史出版社，2018.9（2021.3 重印）
ISBN 978-7-5472-5295-6

Ⅰ. ①跟… Ⅱ. ①高… Ⅲ. ①心理交往—语言艺术—通俗读物 Ⅳ. ① C912.11-49

中国版本图书馆 CIP 数据核字（2018）第 176749 号

GENRENHERENDOULIAODELAI

书　　名　跟任何人都聊得来

编　　著　高　山
责任编辑　于　涉　张雅婷
封面设计　余　微
出版发行　吉林文史出版社
地　　址　长春市福祉大路出版集团 A 座　邮编：130118
网　　址　www.jlws.com.cn
印　　刷　晟德（天津）印刷有限公司
开　　本　880mm × 1230mm　1/32
印　　张　8
字　　数　180 千
版　　次　2018 年 9 月第 1 版　2021 年 3 月第 5 次印刷
书　　号　ISBN 978-7-5472-5295-6
定　　价　35.00 元

PREFACE
前　言

如今，人与人之间的交往越来越密切、越来越频繁，人们也越来越重视人脉，因为对每个人而言，丰富的人脉关系都是一种丰厚的资源，能给人生发展带来不尽的便利条件和千载难逢的好机缘。那么，怎样才能掌握好人脉、拥有好人缘呢？

首先，会说话、说好话在社交中的作用越来越重要。从求职到升迁，从应酬到交友，从交谈到说服，无不需要说话的能力。话说得好，小则可以讨人喜欢、受人欢迎，大则可以保身、成就大事业；话说得不好，小则会树敌，大则事业的步步高升就会受到影响，有可能还会受到领导的冷落和同事的排挤。可以说，一个掌握了说话技巧的人，相当于牢牢握住了一张王牌，反之，就等于给自己树立了一道无形的屏障。

美国著名人际关系学大师卡耐基曾说："当今社会，一个人的成功，仅仅有15%取决于技术知识，而其余85%取决于人际关系和有效说话等软本领。"

由此可见，看一个人是否有能力，这些能力又是否能被表现出来，在很大程度上取决于他是否会说话，换言之，口才成为衡量一个人是否有能力的重要标准之一，掌握说话的艺术与技巧，是现代人成功必不可少的条件之一。

另外，言谈，也是我们了解一个人最直接了当、最快捷的方式。俗话说“画虎画皮难画骨，知人知面不知心”“路遥知马力，日久见人心”。可见，要想在短时间内了解一个人，很难。但是，如果打开了他的话匣子，则可以通过对方的语言迅速、浅显地了解他的脾气秉性以及价值观等。同样的道理，别人也会通过你的言谈，来探查你的内心世界。

综上所述，言谈绝不是随口说说那么简单和轻易的事情，要想展现自己的独特魅力，我们就必须多多注意自己的言谈举止，做到谨慎言行，才不会给自己的脸上抹黑。

此外，我们说话还要顾及别人的感受。很多人在说话的时候，从来不设身处地地为别人想，想说什么就说什么，想怎么说就怎么说，想什么时候说就什么时候说，虽然这份坦荡令人钦佩，但所谓的交流是双方的，不管是面对身边的亲人朋友，还是面对我们需要服务的客户，亦或是萍水相逢的陌生人，我们都必须谨慎地表达自己，这样才能彰显个人独特的魅力，也不至于伤了人心、失了朋友。

聊天的对象、聊天的内容、聊天的方式及合适的时机等，都是需要我们掌握并运用好的。从本书中，你可以学到全面的聊天技巧，使自己的聊天能力得到质的提升。

从现在开始，只要恰当地运用聊天的技巧，相信你的生活和工作一定会有所改变。

CONTENTS
目 录

LEARN TO COMMUNICATE
WITH THE PUBLIC

第一章

会聊天的人巧开口，轻松构建和谐氛围

给自己勇气，说出和陌生人的第一句话

现代社会各种关系错综复杂，导致人与人之间的关系也越来越微妙。很多人都害怕与他人搭讪，最大的恐惧是害怕被拒绝，还有就是对陌生人的戒备心理。那么，在网络上时，为什么我们从不畏惧通过各种聊天工具与陌生人搭讪呢？这是因为每个人都藏在网络后面，不怕面对被拒绝的尴尬，而且也不会遭到现实生活中的伤害。由此可见，害怕与陌生人搭讪的心结在于我们自己。

随着信息的飞速传递，我们也了解了很多负面的新闻。诸如，有人与陌生人搭讪，导致遭遇骗局；有人被陌生人接近，头昏目眩，理智含糊，最终遭遇人身伤害。这些新闻中的伤害都是我们生命中不能承受之重。为此，我们索性彻底关闭自己，不再与陌生人搭讪。实际上，你在关闭自己的同时，也关闭了通往世界的大门。

除了父母和亲人，我们与其他人之间的交往，都是从陌生开始的。诸如对最亲密的爱人，你一定还记得你们最初相识的情形；陪伴你走过漫长人生的朋友，你们也是从陌生到相识，再到相知。如此想来，陌生人是不是也没有那么可怕？因为我们生命中很多重要的人，都曾经是不折不扣的陌生人。既然如此，你当然能够鼓起勇气向陌生人说出第一句话，只要迈过这个坎，你们也许就是朋友了呢！

曾经有科学家经过试验证实，我们只有很小的可能性认识坏的陌生人，大多数陌生人还是友善可爱的。换个角度来说，陌生人并非你一厢情愿就能绕道而行的，我们的生活总是充斥着形形色色的

陌生人。与其因噎废食，被动等待，不如主动出击，加强排查。

自从有一次向陌生人求助被拒绝，艾米就患上了“社交恐惧症”。她不管看谁，都觉得对方是冷漠无情的。因而，她从来不愿意和陌生人说话，即便有陌生人主动与她搭讪，她也会马上躲得远远的，脸上带着躲避瘟疫的可怕表情。这样的日子过得久了，艾米的生活圈子越来越小，朋友也少得可怜。

在一个雨天，艾米被拦截在图书馆中。她站在走廊下看着下个不停的雨，很想有一把伞，能够把她带到公交车站。然而，艾米张不开嘴。其实，她身边就站着一个文质彬彬的男生，看起来非常儒雅，一看就是接受过良好教育且助人为乐的人。但是，艾米就那么纠结地看着那个男生，根本不知道如何说出第一句话。艾米实在很着急，因为她与朋友约好半小时以后在咖啡馆见面谈重要的事情。怎么办？她可不想淋得像个落汤鸡一样去见朋友，进行那场重要的会谈。但是，她也不能迟到。最要命的是，她仓促之中还把手机忘在家中了，除了按时赴约之外，她似乎别无选择。思来想去，足足进行了十几分钟的思想斗争，艾米终于对那位男生说：“您好，我可以搭您的伞去公交车站吗？我只要不淋湿头发就好了。”男生温和地笑着，看着艾米，点点头。话音刚落，男生就撑开大伞，与艾米相互依偎着走向公交车站。到了车站，艾米浑身一点都没有湿，但是男生的衣服则湿了。艾米感激地说：“谢谢！”男生笑着说：“我一直在等你开口，你满脸都是焦急。”艾米幸福地笑了。

面对陌生人，如何搭讪是最大的难题。对于第一句话，很多人都犹豫不决，不知道应该选择怎样的话题，也不知道是否会遭受令人难堪的拒绝。其实，与陌生人搭讪并非你想象中那么困难，你所要做的就是，拿出勇气，勇敢地对陌生人说出第一句话。这就像是一道坎，一旦你成功跨越，一切难题就都会迎刃而解。

因为被陌生人拒绝过，艾米似乎失去了与陌生人搭讪的勇气。事实告诉她，陌生人中有很多好心人。就像那个专程等着她开口求助的男生遮风挡雨地把她送到车站，才去做自己该做的事情。相信这样的一次邂逅，一定会让艾米改变防备陌生人的心态，从此之后敞开心扉，与陌生人友好地交往。

其实，陌生人并没有我们想得那么可怕和危险。很多时候，素不相识的人们彼此伸出援手，不就是友爱的表现吗？与陌生人的搭讪其实非常简单，只需要你一点点的勇气，一切就都会变得美好起来。任何事情，如果没有开始，不去尝试，就不可能知道结果。与陌生人搭讪，也是如此。也许你鼓起勇气说出第一句话之后就会发现，一切都比你预想的更好。归根结底，我们不可能拒绝整个社会。因此，鼓起勇气吧，搭讪就在一句话之间。

聊天心理学

害怕与陌生人搭讪的心结在于我们自己，拿出勇气，勇敢地对陌生人说出第一句话。这就像是一道坎，一旦你成功跨越，一切难题就都会迎刃而解。

记住他的名字，即使只有一面之缘

自古以来，婴儿一出生就会在或长或短的时间里被赋予姓名，这姓名或者是父母琢磨出来的，或者是家里德高望重的长辈给起的。甚至有些婴儿，还未出生就承载了父母的期望，父母总是在生命最初就给他想好名字，也由此寄予无限的期望和渴盼。从此之后，这作为符号的几个字就会跟随我们的一生，不管我们是拥有荣誉，还是陷入人生低谷，它都会不离不弃地跟着我们。直到死去，我们的名字也依然会被刻在墓碑上供后人凭吊。由此可见，名字对于我们有着特殊的意义和深刻的感情。因而，如果你能在初次见面时就记住对方的名字，那么当你仿佛与对方很熟悉一般喊出对方的名字的时候，一定会给予对方特别的感受。与此恰恰相反，假如你总是记错他人的名字，甚至还不知所以然地把错误的名字拿来称呼他人，则你的人缘也就可想而知了。

王晓是一家保险公司的代理员，每天都要与形形色色的客户打交道。如今的王晓销售业绩在公司名列前茅，是不折不扣的销冠，但是有谁能想到王晓最开始从事保险代理人职业时，曾经接连几个月都没有签约，而且还被客户骂哭过呢！

如今，资深的王晓也开始带着新入职的徒弟，并且向他们传授相关的经验。作为师父，王晓传授给徒弟们唯一的经验就是：一定要在最初见面时就记住对方的名字。为此，王晓还讲了一件伤心的往事给徒弟们听。那时，王晓刚刚大学毕业，因为毕业院校并非名牌，所以找工作很难。后来，他在同学的介绍下来到这家保险公司，从此开始了推销生涯。做过销售员的人都知道，这是与人打交道很多也经常需要面对陌生人的行业。几乎每天，勤奋的王晓都会拿着展板去附近的社区开发客户，宣传保险知识。有一天，王晓正在与一个新认识的客户寒暄。王晓："李大爷，您就相信我吧。像您这样子女不在身边的老人，一定要投资自己的健康啊！"不想，原本与王晓相谈甚欢的李大爷，突然狠狠地瞪了王晓一眼，说："李大爷？你大爷。我就站在你面前一直跟你说话，你居然把我的名字给叫错了。我看呀，你还是别站在这里丢人现眼了，先去吃点核桃补补脑吧！"这时，王晓才意识到自己不小心在短短时间内就忘记了这个大爷的姓。他被大爷一通臭骂，又被当时在附近的人围观，不由得委屈得哭起来。当他回到公司，他的师父就告诉他："王晓，别人喊错你的名字，而且是在你刚刚说完的情况下，你会高兴吗？"他摇摇头，师父语重心长地说："是啊，你这个小毛孩儿都不乐意被人叫错名字，更何况是人家德高望重的老大爷呢！而且，人家与你相谈甚欢，一分钟都没离开过，你就忘记了人家的姓，这肯定让人觉得不被尊重和重视啊！人老了就像小孩子，你应该学会与各种各样的人打交道。"听了师父的话，王晓恍然大悟，从此以后，他不管面对什么样的客户，都会第一时间记住他人的名字，哪怕耽误了推销产品的时间，他也会用心地默念和牢记。在坚持记住每一位客户的名字之后，王晓的保单越来越多，客户忠诚度也特别高。

在生活和工作中，我们每天都需要和陌生人打交道，有些人也就是一面之缘，有些人则往往还会产生交集，彼此之间会有更深的交往。无论是哪种情况，给人留下良好的第一印象都是有必要的，就像一篇文章只有精彩的开头，才能深深地吸引读者，一出戏只有先声夺人，博得开门红，才能继续轰轰烈烈地演下去。每个人都希望得到他人的尊重，而当他人在初次见面的短短时间里就记住你的名字，你一定会感到被尊重和受到重视。如此一来，作为回应，你也会尊重和善待他人。其实，我们只要想一想就能明白那种感受：一个人刚刚见你第一面，在几分钟时间里就能亲切地喊出你的名字，这无疑让人感到兴奋和亲切。

聊天心理学

名字对于一个人有着特殊的意义和深刻的感情，如果你能在初次见面时就记住对方的名字，对方一定会感到被尊重和受到重视。

温暖的话犹如拂面的春风

初次见面，说好第一句话可以说非常关键，好的开场能使你赢得对方的好感，迅速拉近彼此之间的距离，双方从陌生到熟悉，也就一步之遥。这就要求我们有意识地注意自己的一言一语，即使做不到口吐莲花，至少也要让别人听了舒服、开心，这样才算把话说好了。若是处理不好第一句话，则陌生人永远都是陌生人，无法成为朋友、知己。

说好第一句话，就像掘井时选定的第一个地点，打好了、打准了，话题才会源源而来，长谈、深谈才有可能，更进一步的交往才会继续下去。因为人与人第一次交往时给彼此留下的印象在对方的头脑中往往占据着主导地位，这其实就是“首因效应”在起作用。在社交活动中，说好第一句话，对交谈的成功往往有着直接影响。

当你第一次与陌生人见面的时候，你通常是怎么开始交流的呢？打个招呼？可是，然后呢？这是很多人在交新朋友时遇到的最大困惑。还有人会说，自己本身就不擅长社交，没聊几句就把自己和对方弄得很尴尬。

田中义一是一位很有名气的日本政治家，他非常善于营造温馨的交际环境，进而取得预期的交际效果。

有一次，他到北海道进行政治访问，有位穿着考究看来很像当地知名人士的男子在欢迎的队列中向他表示问候。

田中义一急忙走上前去，紧紧地握住这位男子的双手，十分热情地说道：“啊，您辛苦了。令尊还好吗？”那个男子感动得一时说不出话来。田中义一此次的政治访问，也因此大获成功。

事后，田中义一的部属对他当时的举动十分不解，忍不住问道：“那位男子是谁？”田中义一的回答却出人意料：“我怎么知道，但谁都有父亲吧！”

在与人交谈中，无论在什么场合，第一印象都是非常重要的。而如何与他人说好第一句话，更是一种关系到能否打破初次交往心理障碍的重要技巧。

故事中这位政治家的交际成功，在于他选择了一个比较好的切入点，在男子心中迅速建立起了亲情意识，使男子觉得他是一个值得信赖的人，从而在心理上对他产生了认同感。无疑，这位政治家用最朴实的第一句话深深打动了男子，在尊重、关怀他人的同时，自己也得到了同样的尊重与好感。

人生无处不相逢。与陌生人交谈根本没有很多人想象的那么可怕，完全不必过于紧张、拘谨，只要主动热情地与他们聊天，努力寻找双方的共同点就可以了。

比如，当你身处异地，走进一家餐厅准备用餐时，却发现餐厅的人很多，已经没有单独的空桌，你只好走到一位女客人的餐桌旁，这时，你礼貌地问了一句："你好，我能坐在这里吗？"如果对方点了点头，你就要礼貌地回复一句："谢谢，打扰了。"

假如你想驱散独在异乡的孤独感，想和人家聊聊天，不妨说一句："一看你点的菜，就知道你一定是来自天府之国，对吗？"这时，如果事实确实如此，对方肯定会为他乡遇故知而感到高兴，欣然地点点头。如果对方属于开朗活泼的人，说不准还会跟你聊上几句："你真是好眼力，那你又是哪里人啊？"就这样，你和眼前这位素不相识的陌生人边吃边聊，一来二去，竟然成了好朋友。

说好第一句话，并不只限于与陌生人的交往，怎样与朋友、亲人说好第一句话，尤其是在你与朋友、亲人之间出现一些矛盾的时候，能否顺利化解矛盾，第一句话更是起到至关重要的作用。为此，在开口说话之前，一定要仔细思考，言语里多融入一些关爱与包容，这样一来，即使有再深的矛盾，也会因为爱而化解。

对每个人来说，社交都是很重要的，而生活就是一个不断与人打交道的过程。有时，第一句话往往就能决定你与别人交谈的深度，一句悦耳动听的开场白很可能就会使谈话双方成为无话不谈的知己。相反，一句不中听的话，很可能会破坏谈话气氛，让你失去结交朋友的机会。

聊天心理学

> 说好第一句话，就像掘井时选定的第一个地点，打好了、打准了，话题才会源源而来，长谈、深谈才有可能，更进一步的交往才会继续下去。

面对沟通障碍，找到打开心锁的钥匙

有时候，在与人交往中，我们想与某些人沟通，而对方却与任何人都格格不入。他的思想显得乖僻，他表情呆板，情绪非常不好，拒绝与外界的任何人交流，任何人都无法访问他的心灵世界，不知他在想些什么。因此在交往上发生了困难以至于失败。

在现实生活中，产生这种沟通障碍现象的原因很多。当一个人遇到重大的不愉快事件时，或受到外界强大的不良刺激时都会产生，比如遭遇爱情、亲情、友情的失落，比如在工作、事业上碰到挫折，等等。即便这个人曾经与你沟通得十分融洽，曾经给你留下不少好印象，但是现在不同了，变得难说话、难沟通了。

对于这种情况出现的沟通障碍，不应当轻言放弃。只要找到你与他之间的许多共同点，就具备了沟通的条件。像这种暂时性的沟通障碍是常见的，需要一定的坚持和努力，并且把握一定的技巧。只要你走进他的心灵，找到了开启他心锁的那把钥匙，那么，很多问题都会迎刃而解的。

在社交中，沟通本身不是件容易的事情，尤其在企业或者公司里，大家来自五湖四海，沟通是件十分复杂的事情。应该正视沟通暂时性障碍的客观性，并且不轻易被这种沟通障碍难倒而放弃。我们需要找到一些打通沟通死结的技巧，同时还需要一种持之以恒的韧性与耐心去解开沟通的障碍。面对种种暂时性的沟通失败，关键问题就要看你如何找到打开这个“自闭者”心锁的那把钥匙了。

你希望沟通的那个人，也许是公司里的老板或经理，也许是一名同事、员工，你虽然希望与他交流沟通，坦率地畅谈一番，可他的心偏偏像上了锁似的，无法深入地用心交流。你心猿意马，也会觉得这种勉为其难的对话很累，乃至令人失望，只好算了吧，“你走你的阳关道，我走我的独木桥”，反正彼此河水不犯井水，沟通不成就不沟通了。

虽然这样的想法合乎一个人的一般心理，却也是不可取的，因为你们本身就属于同一个企业、同一个公司，那么就有着许多共同点，一个人的心理状态、精神追求、生活爱好等，都或多或少地要在他们的表情、服饰、谈吐、举止等方面有所表现，只要你善于观察，就会发现你们的共同点。对方只要是与你具有很多共同点的人，你都不应该有这样消极的念头产生，轻易放弃沟通的努力。

对于不同的人，我们要善于根据实际情况找到他具体个性的那块心病，从而才可以配上合适的钥匙，最后去打开他的心锁。

要找到打开某人心锁的钥匙，是一个需要细心洞察、耐心寻找的发现过程，需要“由表及里”，根据一些现象逐步深入分析，最后找到病灶；也需要“因小见大”，通过此人一些细微的言谈举止，去顺藤摸瓜，最后发现背后隐藏的那个“根”。

尽管形形色色的人有着各自不同的心锁，需要配之以不同的钥匙，但纵观各种死结、心锁、疙瘩……我们还是有一定规律可循的。

第一，人都具备一种“自私”的本能，所以人的沟通欲望都往往是为了自己的一些利益而产生。在交友做生意的过程中，如果让对方知道你和他有着共同的利益，双方必须结成利益同盟，才能取得共同的利益，事情也就好办多了。双方在沟通与合作上，只要让对方感觉到你与他有相同的利益关系，往往可以迅速地拉近彼此间的距离，使对方努力去做。这一技巧如果应用得好，往往会获得意想不到的好效果。如果为了别人的需要，有时能主动地牺牲个人利益，这样的人就会受到别人的欢迎和爱护。

第二，人都是一种具有情商的感情动物，要想打动对方的心，首先要做到态度热情，用真诚的语言交流，以消除对方的戒备心理。况且，沟通的实质首先是以感情来交流，而不是以思想观点来沟通的。感情是人人都懂都相近的，思想则有博学与无知之分，且千差万别。所以，切莫把沟通完全寄托在知识上和思想上以及说教上，而要多一点人情味，走人性化道路的沟通一定会容易得多。

第三，人普遍具有一种喜新的心理，喜欢新鲜的东西。相应地，沟通的手段、方式不要一成不变，那样往往使人感到厌倦。

当能够学会“具体问题，具体分析”，且掌握了上述人的“三大基本特征”之后，就会知道别人最在意的是利益、感情、新鲜，而非理论、大道理。那么，对方的意愿就会在你的掌握之中。当遇到某人很难沟通时，你就很容易找到打开他心锁的那把钥匙，而且可以反复用“这把钥匙”去打开他的心锁。

人与人的交往，贵在“交心”，只有心与心的交往才能产生共鸣。“交心”意味着尊重和理解对方的真实感受与需要。如果他害怕孤独，你就给他慰藉；如果他有所畏惧，你就给他安全感；如果他希望安静，你就让他独自待着；等等。必要时，用言行轻轻地拨动他内心深处的那根弦，观察到他的心理状态和情绪反应，你就能轻松地软化他，他的一切防御都将被轻轻地瓦解。

聊天心理学

我们需要找到一些打通沟通死结的技巧，同时还需要一种持之以恒的韧性与耐心去解开沟通的障碍。面对种种暂时性的沟通失败，关键问题就要看你如何找到打开这个“自闭者”心锁的那把钥匙了。

掌握开口技巧，让话语透出沁人馨香

生活中，很多人陷入不知道怎么说话的困境，要么是一开口就不知道说什么，要么总是不能将自己心里的想法表达出来。其实，掌握了技巧，开口说话并没那么难。

1. 以礼开口

在当今时代，我们必须与他人建立和睦友好的人际关系，彼此互敬互爱，共同为社会发展尽力。这一切的存在，都依赖于一个先决条件——诚恳的态度、端庄的举止。

人的态度和举止在人与人之间的交际中占有十分重要的地位。如果一个人举止粗野、蓬头垢面，即使学问满腹，也会使人“敬而远之”；相反，如果一个人态度诚恳、举止文雅，给别人的第一印象温文儒雅、落落大方，那么即使他不开口说话，人们也乐意与之相处。可见，只有在高明的说话技巧和高雅的行为举止相得益彰时，才能使彼此达到理想的交流。

在日常生活中，我们常常要求别人守秩序、有礼貌，对自己却不能严格要求，这是十分有害的。人类社会是一个互为服务的群体组织，我们怎样对待他人，他人也会怎样回报我们。因此，我们处处以礼待人，诚诚恳恳，那么我们在交谈中也就容易开口了。

（1）表情要自然，语气要和蔼、亲切

不论与谁交谈都应平等相待。与客户交谈应不卑不亢、落落大方，还要讲究方式方法；和晚辈、下级交谈，不要态度傲慢、居高临下；对上级、长辈交谈不要卑躬屈膝、低声下气。为了表达某些内容，可以适当做一些手势，但动作不宜过大，不要手舞足蹈，更不要用手指着对方讲话。

（2）与对方交谈的距离要适度

有这样一个故事：

在一次谈判结束后的鸡尾酒会上，一位日本谈判代表端着一杯鸡尾酒和美国谈判代表在随意闲谈着，日本人老喜欢贴近着跟美国人说话，所以，身体不自觉地向着美国人移去，而美国人却不喜欢人家靠着他说话，于是，也就不自觉地往后退。就这样，一个往前移，一个往后退，结果就变成了日本人追着美国人在大厅里转圈子。

故事尽管有点夸张，但是从礼仪上说，说话时与对方离得过远，会使对话者误认为你不愿向他表示友好和亲近，这显然是失礼的。

（3）保持优雅的举止礼仪

在交往中，大都涉及个人的举手投足、言谈举止之类的小节，但正是这些小节关系着个人及组织的形象，大到国家和民族的利益，正所谓："小节之处见精神，言谈举止见文化。"

一个人优雅、得体、自然的举止，不是为了某种场合硬装出来的，而应是日常生活中的修养所致，是一种长久熏陶，顺乎自然的结果。这就要求我们要时常有意识地调整、训练自己的举止，从最基本的站、行、坐、蹲、招手、点头、表情等做起。

2. 用眼开口

众所周知，眼睛是人们心灵的窗口。其实，眼睛还是人们心灵语言表达的重要工具。通过眼神，我们可以看出一个人的思想动态；借着眼波，我们可以交换彼此的感觉与意识，可以传送感情。

"言有尽而意无穷""只能意会不能言传"，放在说话技巧上都恰到好处地说明了眼睛无法取代的作用。因为有时言语无法完全表达清楚我们的心思与用意，这就需要借彼此眼波交流来达到心灵间的沟通。如果我们要拒绝他人或者责备他人，或是不便于用言语来表达某种思想，不妨试试使用这种以眼代言的方法，也许能够达到较理想的目的和效果。

在我们的日常交谈中，人们多半只注重说话的技巧，却常常忽略了面部的表情，尤其是把握不了视线的高度，以至于发生一些有失礼仪的事情，造成许多不必要的误会。

既然眼睛是人类心灵的窗口，那么我们的一切言谈，不论是询问、请求，还是劝诫、说服，都可以从眼神及表情上表露出来。这里要注意一点，人的视线应该是随着说话的语气而高低有异。比如，若是有求于他人或是答谢他人之恩，我们的视线应由下往上注视，因为当自己以一种祈望的眼神向对方求助、感谢时，也就自然抬高了对方的地位，这样才能得到对方的同情与回敬。

3. 委婉开口

如果我们的朋友或长辈在公众言谈中不慎有所差错，而我们又不便在众目睽睽之下当面指责他们时，可借用委婉开口的方法，使朋友或长辈慢慢有所察觉，从而纠正自己的过错。如此一来，不但能收到我们预期的效果，更能替他人解围，真可谓一举两得。

大千世界中的每个人都有自己独特的性情、独特的兴趣和不同的生活态度，在相互交际中不可避免地会产生观念上的冲突。如果我们能在不否定他人见解的前提下得体地表达自己的意思，那么就会达到交际上的成功，可见委婉开口是一个很有用的说话方式。

当对方表达了他的观点而我们无法苟同时，我们不妨先肯定和赞许他的观点，然后以谦虚的口气说一下自己的进一步建议，这样就很容易为对方所理解和接受。对我们来说，这样做既表现了自己的风度，又坚持了自己的立场，何乐而不为呢？

4. 间接开口

生活中有许多场合令人无从开口，比如说在批评和赞美他人的时候，如果“开口”不当，则会引起一些麻烦、误会乃至出现不堪设想的后果。这里介绍一种可供借鉴的方法，即间接开口法。

在一般人的观念里，总认为“第三者”所说的话较具客观性，较为公正。因此，我们可以针对这种心理，借用“第三者”的口吻，来代替我们表达自己的意见。以此来批评或劝诫他人，容易得到对方的理解；以此来赞美或安慰他人，也容易获取对方的信任，而且更重要的是帮我们解决了“开口”的“突破口”。

比如，有时我们为了博得他人的好感，往往会赞美别人一番，但自己直接说“你真聪明”“你的智商高得惊人”之类的话，不免让人觉得是在奉承、讨好，有点儿不舒服。如果我们换一种方式来表达："王总一直佩服你脑子灵活，果真名不虚传啦！"这样，对方必会认为此言乃是真话，非常高兴，并主动与你联络感情，使交往得以顺利进行。可见，间接开口法运用得巧妙是很有效的。

5. 感谢开口

生活中，我们经常会听到这种抱怨，"我并不介意做所有的事，只要他每次能说声'谢谢'"，或者"我为他做了那么多，他连声'谢谢'都不会说"。也许很多人不是不想表达他们的感激之情，只是不知道该如何开口，只好选择了沉默。

"谢谢"一词再简单不过，却常常被一些人轻视，或因其太简单而被忽略，以致他们在不知不觉中与好人缘失之交臂。

当别人帮助了你的时候，千万记得说声感谢，一个会说"谢谢"的人，才最得人心，最容易成功。如果想成为一个受欢迎的人，就把你的感激表达出来吧，不要把它藏在心里，那样永远也不会被人知道。

总而言之，如果我们正确、恰当地使用上述几种开口的方法，无疑会慢慢增添几分说话的自信心，找到打开话匣子的钥匙。

聊天心理学

不论与谁交谈都应平等相待。与客户交谈应不卑不亢、落落大方，还要讲究方式方法；和晚辈、下级交谈，不要态度傲慢、居高临下；对上级、长辈交谈不要卑躬屈膝、低声下气。

微笑是吹散人心防线的无声语言

微笑，犹如温暖的太阳，赶走所有的阴霾，使人感到世界如此的明亮。微笑，是人类最美丽的妆容，是人类最动人的语言，每一个看见它的人，都会感到赏心悦目。当我们向一个陌生人求助，如果使用发自内心的真诚的微笑，有时候，可以轻而易举地攻破陌生人的心理防线。因为一般情况下，人们都很难拒绝一个向自己微笑的人。

马丁要出差，此时此刻，他正行色匆匆地往车站赶去。因为堵车，所以他比原计划的时间晚了半小时到达车站，虽然算不上晚点，但是作为始发车站的车次已经开始检票了。正当马丁急急忙忙地朝着检票口走去时，突然间一个中年男子拦住了他。这个中年男子看起来40岁左右，穿着破破烂烂的衣服，不过很干净，应该是在这个城市打工的吧。马丁似乎条件反射般地，在第一时间就观察了这个男子的模样。接下来，他满腹狐疑地等着对方开口。中年男子似乎很害羞，犹豫了几秒钟才吞吞吐吐地说："不好意思啊，您能不能借点儿钱给我呢！我的钱包被偷了，需要买票回家。"这个骗局也太老套了，已经被戳穿了无数次，马丁冷漠地看着中年男子，准备离开。这时，一个十来岁的男孩从中年男子的身后走出来，微笑着对他说："叔叔，我爸爸说的是真的。我们要去砀山，买两张票需要86元钱。您能帮帮我们吗？"看着小男孩的微笑，马丁有些犹豫了。毕竟，孩子应该不会说谎的吧。但是，这样的骗局实在是太多了。男孩继续向马丁微笑着，眼睛里满含着希望。最终，马丁暗暗想道：算了，不就八十多块钱吗。这父子俩万一真的需要帮助，没钱就得沦落街头了，我宁愿被骗了，也不愿意看到这样的事发生。想到这里，他拿出100元钱给他们。中年男子感激万分地说："您等等，我买完票就把剩下的钱还给您。您给我留下地址吧，我会把钱寄还给您的。"马丁摇摇头，说："算了，不值当留地址的。剩下的钱，就给孩子买瓶水喝吧！"说完，马丁就进入检票口，他还是喜欢坐在火车里安心地等待发车。

进入火车之前，老烟民马丁拿出一支烟，想要等到抽完了再进去。后来，他又接了个电话，耽搁了一些时间。正当他准备进入车厢时，突然听到从一辆缓缓行驶的绿皮火车上传来喊叫声。他抬眼望去，看到那个男孩正把半个身子探出车窗外，向他挥手呢！原来，他们是真的需要回家的车票钱，马丁感到欣慰极了。

大大小小的车站，是骗子集聚的地方，而中年男子的言行，又是骗子一贯使用的手法，警惕性很高的马丁自然会怀疑和防范。但是，小男孩的微笑，让他改变了主意。这个真诚和充满渴望的微笑，使马丁放弃了最初的戒备，愿意赌一次，虽然，他们彼此是从未谋面的陌生人。

由此可见，微笑具有强大的魔力，即使人们知道微笑的背后也许并不带有什么感情色彩，也会不由自主地表现出喜欢来。微笑是人的一张非常重要的社交名片，说话时，得体的微笑会给人一种亲切感，会在无形中拉近双方的距离，进而形成融洽的交往氛围。但需要我们注意的是，微笑应该是完全发自内心的、真诚的。

聊天心理学

当我们向一个陌生人求助，如果使用发自内心的真诚的微笑，有时候，可以轻而易举地攻破陌生人的心理防线。因为一般情况下，人们都很难拒绝一个向自己微笑的人。

尊重就像玫瑰花，赠人而手有余香

“爱人者，人恒爱之；敬人者，人恒敬之。”关爱和尊重，就像鲜艳的玫瑰花，赠人而手有余香。

在美国和西班牙的战争爆发前，一位赫赫有名的国会议员兴高采烈地走出白宫，他迈着大大的步子，头上戴着的帽子歪向一边，脸上的笑容一直没消失。

他的一位朋友问他：“你今天怎么这么高兴，遇到什么开心的事情了吗？”

这位国会议员回答说：“没错，朋友，我确实遇到了一件开心事。刚才开会时，总统竟然用手臂勾着我的肩膀告诉我说：‘老兄，这次是否能打胜仗全仰仗你了。如果没有你的帮助，我们会惨败的。’听到了吗？连总统都要仰仗我。”

那位朋友羡慕地说：“怪不得你这么开心！看来总统很尊重你啊，什么时候也这么尊重我就好了。”

这位国会议员说：“我以前经常反对总统，什么事情都和他对着干，没想到他还这么尊重我，对我委以重任。我打算以后好好拥护他，再也不和他对着干了。”

上面的故事，充分说明了，只有懂得尊重别人，才能成为人心所向，赢得别人的尊重。想要把别人变成自己的朋友，首先要赢得他人的尊重，这样才能拥有更多的人际关系资源，收获更多的友谊。

人和人之间是没有高低贵贱之分的，每个人都有尊严，都平等地享有各种权利。对人的尊重，我们也要做到不因人而异，平等对待。

在一个人来人往的地下通道里，聚集了许多乞丐。吉米散步来到这里，并遇到一位特殊的乞丐。那位乞丐是一位二十几岁的年轻人，衣服破破烂烂的，手里拿着一把破旧的吉他，他正在弹着一支伤感的乐曲。这个场景随处可见，那些明明可以自食其力的年轻人也加入乞讨的大军中，对此，吉米大惑不解。

吉米走路的速度加快了，径直向前方走去，并没有在那个年轻的乞丐面前停下。事实上，在吉米眼里，那些能自食其力的人是不该乞讨的。

年轻的乞丐拦住吉米的去路，这让吉米大为恼火，他咆哮道："给钱是自愿的，别人不给钱就算了，你竟然还拦着别人要。你以为这样我就会给你吗？请不要打扰我散步，我是不会把钱给一个不劳而获的人的。"

没想到年轻的乞丐说："先生，我想你误会我了。你的钱包掉了，我刚巧看到，拦住你是要把钱包还给你，而不是向你乞讨。"

顿时，吉米感到无地自容，原来是自己误会了他。为了表示感谢，吉米从钱包中掏出100美元，然后对乞丐说："请接受我的歉意，这是向你表示感谢的。"

没想到那位乞丐说："先生，我的确很需要钱，不过我有自己的原则。"说过这话后，那位乞丐又弹起了他手里的那把吉他。

所有人都不希望自己的人格遭到鄙视和践踏，都希望和别人在交往中能站到一个平面上，所以在和人交往时，我们要尊重别人，肯定对方的优势。那么，在交往中，如何尊重别人呢：

第一，从内心深处认识到尊重他人的重要性。虽然人们从事的职业不同，家庭出身和在社会上的地位也有所区别，但不能因为这些，就戴着有色眼镜看待一些人。也就是说，人格是没有贵贱之分的，要一视同仁。

第二，在交际过程中，一个人所采取的态度不同，那么体现出来的尊重程度也不同。因此，参加重要活动、约会等，都要合适得体地着装，这也是个人修养的体现。

第三，遵守所约定的时间。一个懂得尊重他人的人，一般都有严格的时间观念，在与别人约好时间以后，他们往往不会迟到，不会早退，因为不遵守时间，是对他人的重视，是不礼貌的表现。

第四，说话要得体。如果说外貌能直接反映一个人是否充分尊重他人，那么言语就是一个间接的反映。因此和人交往时要注意说话的态度和措辞。

聊天心理学

所有人都不希望自己的人格遭到鄙视和践踏，都希望和别人在交往中能站到一个平面上，所以在和人交往时，我们要尊重别人，肯定对方的优势。

良好的沟通源于合适的称呼

称呼他人是一门极为重要的艺术，若称呼不妥当很容易让他人产生反感，甚至记恨在心，久久无法释怀。相反，如果称呼得当，那么对拉近相互之间的心理距离，改进人际关系有很大的帮助。

小玲进入单位的第一天，领导带她认识部门同事时，她非常恭敬地称对方为老师，不少同事欣然接受。当领导带她来到一个女同事前，告诉小玲将跟着这位女同事先试用时，小玲更加恭敬地叫了一声老师。这位女同事连忙摇头："大家是同事，你可别叫我老师，直接叫我名字就可以了。"听女同事这么说，小玲不知道说什么好。

在交际过程中，称呼往往是传递给对方的第一个信息。不同的称呼不仅反映了交际双方的角色身份、社会地位和亲疏程度的差异，而且表达了说话者对听话者的态度和思想感情，而听话者通过对方所选择的称呼形式可以了解说话者的真实意图和目的。恰当的称呼能使交际得以顺利进行，不恰当的称呼则会造成对方的不快，为交际造成障碍。为了保障交际的正常进行，说话者要根据对方的年龄、职业、地位、身份，以及同对方的亲疏关系和谈话场合等一系列因素选择恰当的称呼。

人在职场，同事和上司是职场环境的重要组成部分。不同的职场称呼可以反映出职场关系的亲疏、职场环境的优劣，甚至可以从中大致了解一家公司的企业文化和人际关系现状。该如何称呼同事和上司，很多职场中人都琢磨过。称呼得妥帖，不仅可以处理好与同事、上司之间的关系，而且可以为自己赢得不少印象分，为职场发展营造一个好的环境。反之，则可能产生不快，为人际关系设障。

王小姐是电脑城的一个小职员，去年刚刚毕业。去年应聘时，由于她在考官面前太过紧张，有些发挥失常，就在她从考官眼中看出拒绝的意思而心灰意冷时，一位中年男士走进了办公室和考官耳语了几句。在他离开时，她听到人事主管小声说了句“经理慢走”。那位男士离开时从王小姐身边经过，给了她一个善意鼓励的眼神，王小姐忙起身，毕恭毕敬地对他说：“经理您好，您慢走！”后来王小姐顺利地得到了这份工作。人事主管告诉她，本来根据她那天的表现，是打算刷掉她的。但就是因为她对经理那句礼貌的称呼，让人事主管觉得她对行政客服工作还是能够胜任的，所以对她的印象有所改观，给了她这份工作。

可见一个正确的称呼对自己的职场生涯有多么重要。

职场新人在上班之前，应该对企业文化有一个全面的了解。不同的企业有不同的称呼，在这个企业可以这么称呼，在另外一个企业也许就行不通。同事之间的称呼是企业文化的一种外在体现，一个企业以什么类型的称呼为主，与企业管理者的风格、个性有紧密关系。把握准企业文化，称呼就不容易弄错。

既然称呼如此重要，那么在交往当中就要注意慎重地选择称呼。一个会说话的人，在对别人的称呼上是绝对不能马虎的，总结起来，有以下几个原则。

（1）要看对方年龄

老话说得好：“逢人短命，遇货添钱。”意思是说，人家的年龄，要少说三五岁，人家的东西，要往贵了说。如今的老年人都有一种不服老的心理，其中女性尤甚，能喊“阿姨”的就别喊“奶奶”。

另外，还需注意，看年龄称呼人，要力求准确，否则会闹笑话。比如，看到一位二十多岁的妇女就称“大嫂”，可实际上人家还没结婚，这就会使人家不高兴。如果对方不是年轻的小姑娘，而你又实在不能判定对方有没有结婚，就喊对方“女士”。

（2）要考虑自己与对方的亲疏关系

在称呼别人的时候，还要考虑自己与对方之间关系的亲疏远近。比如，对你的好朋友或关系较好的同事，直呼其名更显得亲密无间，欢快自然。若是你见了多年未见的姐妹，直喊“女士”反而会把关系疏远。当然，为了打趣故作“正经”，开个玩笑，也是可以的。

在与多人同时打招呼时，更要注意亲疏远近和主次关系。一般来说以先长后幼、先上后下、先女后男、先疏后亲为宜。

（3）要考虑对方的职业

称呼别人的时候还要考虑到别人的职业。对不同职业的人，应该有不同的称呼。比如，对农民，应称“大爷”“大娘”“老乡”；对国家干部和公职人员、对解放军和民警，最好称“同志”；对医生应称“大夫”；对教师应称“老师”；对刚从海外归来的港台同胞、外籍华人，要称“先生”“太太”。

（4）要注意区域性

有些称呼，具有一定的地域性，使用不通行的称呼就会带来麻烦。比如山东人喜欢称呼“伙计”，但南方人听来“伙计”肯定是“打工仔”。中国人经常把配偶称为“爱人”，但在外国人的意识里，“爱人”是“第三者”的意思。

（5）要注意场合

有些称呼在正式场合不宜使用。例如，“兄弟”“哥们儿”等一类的称呼，虽然听起来亲切，但显得档次不高。

人际交往中，如何恰当地称呼别人，这是构建和谐人际关系的重要细节，也是尊重别人的具体体现。懂得恰当称呼别人的人，才会让人喜欢。如何称呼别人，是非常有讲究的一件事。用得好，可以使对方感到亲切，给别人留下一个良好的印象。反之，如果称呼不得体，往往会引起对方的不快，甚至恼怒，使双方的交流陷入尴尬的境地，导致交流不畅，甚至中断。

聊天心理学

为了保障交际的正常进行，说话者要根据对方的年龄、职业、地位、身份，以及同对方的亲疏关系和谈话场合等一系列因素选择恰当的称呼。

LEARN TO COMMUNICATE
WITH THE PUBLIC

第二章

会聊天的人情商高，说话得体让人舒服

发现对方的闪光点，进行恰当的恭维

在交谈中不经意谈起对方得意或者在意的事情是一把打开交际大门的钥匙，恰当的恭维在某种程度上是对他人的一种肯定，因为人们大都喜欢被人赞美。

杨经理是某公司人事部门的主管，他在给新来的员工讲授沟通经验时，最重要的一条就是懂得赞美别人，尽量谈及别人的优势或者感觉自豪的事情，这样能快速打开别人的心门，让别人更容易接受自己。这一条沟通秘诀是杨经理的经验之谈。

因为业务关系，杨经理经常接触台湾商人。有一位台湾女经理，人漂亮而且能干，但是平日里傲慢无礼，跟人说话时习惯眼睛往上看。一次，杨经理想向她了解点儿事情，看到她那傲慢的样子，决定换一种方式与她沟通。

因为当时大家一起去参加一个展会，所以杨经理主动走上前去跟那位女台商打招呼，相互交换名片后，杨经理说："林小姐的名字真好听，里面大有学问。"

女经理有点儿惊讶地说："我的名字有什么好的，叫林静玉的人多的是。"

杨经理笑着说："你看你这么漂亮，跟林黛玉就差一个字，但是你比她活泼多了，而且你长得跟大明星林青霞有几分相似，但是你要比林青霞文静很多。更为可贵的是你比较有能力，是我们中间的佼佼者。"

女经理平日里自视清高的原因就是得意于自己的美貌和能力，而杨经理的话“切中要害”，自己得意的事情被人夸奖，自然喜形于色。她很快就和杨经理成了好朋友，他们成功地合作了许多项目。

真诚、适时地恭维别人，不但会拉近彼此的距离，而且更容易赢得对方的信任。所以，要尽可能地睁大自己的双眼，发现对方“闪光”的地方，进行恰当的恭维，坚持这样做下去，一定会收获一片蔚蓝的天空。

某服装店的老板善于洞察客户心理，不管是什么样的人到了店里，他都会让顾客买到合适的衣服满意离去。

一天，一位身材高挑的年轻女子来到店里，试穿了好几件衣服，都不太合适。老板在旁边观察了半天，就在女子准备离开的时候，他走了过去：“姑娘身材这么好，试衣服的时候挺胸抬头会更有气质，你这样高挑的身材真可以去当模特了。”原来他发现女子找不到合适的衣服不是因为店里的衣服不好，而是她在试穿衣服的时候习惯弓着腰，再加上不自信，没能体现出衣服的效果。年轻女子听了老板的话非常高兴，因为她一向以自己的身高而自豪。于是，她听从老板的建议，挺直了身子，穿着衣服重新走到了试衣镜前。这时镜中的女子气质优雅、大方、端庄，那些刚才还觉得不合适的衣服仿佛一下子变了样——穿起来都很合身，尽显曼妙身材。

看到女子脸上露出的笑容，老板又趁热打铁地说：“我的眼光不错吧，你看你现在的样子，跟模特没有什么区别，自信方能体现出美丽。”

年轻女子愉快地说道：“刚才试穿的几件衣服我都要了，我觉得它们仿佛是为我量身定做的一样。”

恭维是一种巧妙的交流手段，但恭维一定要真诚，否则就会马屁拍到马蹄上，适得其反。多从对方得意的事情谈起，就是一种真诚的恭维。这样既能体现对对方的了解，也能满足对方期望被赞美的心理需求。尤其是面对初次见面的朋友，如果能借势恭维，必然会带来好的效果。

聊天心理学

在交谈中不经意谈起对方得意或者在意的事情是一把打开交际大门的钥匙，是一种真诚的恭维。

重要的话，七分给自己，三分他人说

法国哲学家拉·罗切福考尔德说过：如果你希望得到敌人，就超过你的朋友；但若想得到朋友，就让他们超过你吧。为什么这么说？因为从心理的角度看，当朋友超过我们时，他们便充满了成就感；若是情况相反，他们会深感羞耻并充满嫉妒。与人说话，同样是这个道理，让他人充满成就感，能使我们结交友谊，掌握交际的主动权。我们来看看下面的故事：

有一次，纽约报纸的财经专页上刊登了一则大型广告，招聘具备特殊能力和经历的人，卡贝利斯决定应征，并把简历寄了出去。几天后，他接到一封面试邀请信，面试前，他花费几小时的时间在华尔街寻找这家公司创始人的一切消息。

面试开始了，他从容不迫地说：“我非常庆幸自己能够和这样的公司合作。据我了解，这家公司成立于28年前。当时只有一间办公室和一名速记员，对吗？”

几乎所有的成功人士都喜欢回忆创业之初的情景。这位老板也不例外，他花了很长时间来谈论自己如何以450美元现金和一个原始的想法创业，并如何战胜了挫折和嘲笑。他每天工作16～18小时，节假日也不休息，最终战胜了所有的对手，现在华尔街最知名的总裁也要到这里来获取信息和指导，他为此深感自豪，而这段辉煌经历也的确值得回忆，他有资格为此骄傲。最后，他简要地询问了卡贝利斯的经历，然后对副总裁说：“我认为这就是我们需要的人。”

卡贝利斯先生应聘之所以会成功，是因为他掌握了一些经历千辛万苦的成功人士的心理，那就是，他们都喜欢缅怀自己的过去，并希望得到他人的敬仰。掌握这一心理后，他大费周折地研究未来雇主的成就，并且表现出对此有强烈的兴趣，他还鼓励对方更多地谈论自己，从而给老板留下了良好的印象。试想，如果他主动说出未来雇主的创业史，即使语言再精彩，恐怕也只会让对方觉得你只是个很好的演说家，而不是“他们需要的人”。所以，如果你想赢得朋友，切记：给他人说话的机会，把重要的话让给对方说。

那么，我们怎样才能让对方说出这一关键点呢？

1. 提问法

我们要想把表现的机会让给别人，就要为别人创造说话的契机，而提问是一种很好的引导法。就像故事中的卡贝利斯先生问雇主：“当时只有一间办公室和一名速记员，对吗？”面对这一提问，对方一般都会顺着问话者的思路做出回答。

2. 不要打断别人说话

交际中，与人说话，我们可能会遇到另外一种情况，那就是你不同意别人的观点，这时你也许很想打断他，但是最好不要这样做，他人在还有一大堆意见要发表的时候，是不会注意到你的，所以要保持开阔的心胸耐心听下去，并诚恳地鼓励他人把意见完整地表达出来。

这种方法在商业往来中同样适用。让我们来看看下面这个故事：

美国最大的汽车制造公司决定购买一整年用的装饰织物，三个重要生产厂家都提供了自己的织物样品。汽车公司对其进行了检验并发出通知，每家公司都有机会派一名销售代表在指定的时间里为争取合同做出陈述。

其中一个厂家的销售代表R先生，抵达时正患有严重的咽喉炎。

轮到他和公司总裁见面时，他已经说不出话来了，连轻声耳语也很困难，他被带进一间屋子，发现里面坐着纺织品工程师、销售代理，营销总监以及公司总裁。他站起身来，费劲地想要说话，但只能发出嘤嘤声。这些人围坐在桌子旁，于是他在便笺上写道：先生们，我嗓子哑了，无法说话。

“我可以替你说话。”总裁说完，就把R厂家的样品陈列出来并逐一说明其优点，关于产品品质的一场生动讨论就此展开。总裁既然是替R先生说话，很自然就站在了R先生这一边，而R先生做的只是微笑、点头和打一些手势。

这场特别会议的结果是R先生赢得了合同，装饰织物需求量高达50万码，总价值160万美元，而这是这位销售代表拿到的最大订单。

从这个故事中，我们可以想象一下，如果这位销售代表没有失声，则很可能会失去这份合同。可见，让他人讲话的回报竟是如此丰厚。

3. 寻求帮助法

也就是说，我们在与人说话的时候，不要显得无所不知，关键时候，你不妨对对方说："这个问题我还真不清楚，您能帮我跟大家解释一下吗？"很明显，这样一说，话语权就交到了对方手里。同时，也能体现对方的能力，这是变相地给对方增光添彩。

人际交往中，我们与人说话，切不可占尽先机，而应把重要的话留三分，给他人表现的机会，让其说出关键点。这样，对方会从心里感激我们让给他的表现机会，进而对我们产生好感。

聊天心理学

人际交往中，我们与人说话，切不可占尽先机，而应把重要的话留三分，给他人表现的机会，让其说出关键点。

切忌口无遮拦揭人短

很多人在气极的情况下，总是口无遮拦地什么都说。在日常生活中，揭老底儿是人们在情绪激动时常做的事情。殊不知，揭老底儿实在不是明智之举。所谓揭老底儿，就是说些他人的短处和痛点，让他人感到难堪和尴尬。如此一来，你必然伤害他人的情感，让他人不知道如何面对现状。常言道，打人不打脸，骂人不揭短。一旦你不顾一切地揭开他人的老底儿，则他人一定会觉得尴尬难堪，甚至还会恼羞成怒，与你大打出手。和他人一样，你也一定有痛点。那么当他人揭开你的痛点时，你会如何？如此想来，你就不会轻易揭他人的老底儿了吧。所谓感同身受，就是这个道理。古人还曾说，己所不欲，勿施于人，说的也是这个道理。因而，不管我们再怎么生气，也应该避开他人的痛点，这是做人最基本的底线和原则。

最近两年，因为汪峰与章子怡的甜蜜爱情，汪峰的前任葛荟婕一直对汪峰撕扯不断，也时不时地攻击章子怡。近日来，更是传出葛荟婕吸毒的传闻。对此，很多网友和粉丝都力挺汪峰。作为一个男人，他在被前任撕扯不断的情况下却从未爆料葛荟婕吸毒的事实，算是一个真正的爷们儿。对此，葛荟婕也应该对汪峰心存感激，但是其却不停地攻击汪峰与章子怡，人品可见一斑。避开他人的痛点，这是我们做人的原则和底线。不管多么生气，除非是面对阶级敌人，否则对任何人都不应该揭老底儿。偏偏生活中有很多人都喜欢且擅长揭老底儿，自以为这样的语言才最有杀伤力。尤其是很多夫妻之间，妻子总是在恼怒的关头脱口而出："你以前……你曾经……"这些揭老底儿的话，总是能在一瞬间击中她最爱的男人的痛点，让其心痛不已。日久天长，夫妻感情必然受到影响，可谓得不偿失。

通常情况下，只有那些与我们亲近的人才会掌握我们更多的老底儿，也知道我们的痛点所在。光阴荏苒，日月如梭，随着时间的流逝，早已经物是人非。因而，任何时候都不要揭他人的老底儿，更不要暴露他人的痛点，否则，你就会失去朋友，甚至遭人唾弃。我们都应该努力提升自己的涵养，多多夸赞他人的优点，这样才能让彼此之间的关系更加和谐融洽，亲密无间。

李峰与杜文是从小一起长大的小伙伴，上学时还是初中同学、高中同学。因而，他们关系非常亲密，不管遇到什么为难的事情，都会主动与对方诉说。然而，李峰尽管把杜文当好朋友，却并不是与杜文无话不谈的。对于杜文，李峰始终有所保留，这是为什么呢？原来，杜文几次当着别人的面揭李峰的老底儿，要知道，这些私密的事情李峰只告诉了杜文，因而导致李峰非常尴尬，也很伤心。渐渐地，李峰就疏远了杜文，从最亲密的哥们儿，变成了普普通通的朋友。而且每次和杜文一起出现在公开场合时，李峰总是提心吊胆，生怕杜文一高兴又开始揭他的老底儿，让他难堪。

有一次，都已经成家立业的他们一起参加高中同学聚会。在酒过三巡时，李峰显然有些喝多了，开始和同学们扯些小时候的事情。正当李峰和大家说得兴致盎然时，杜文突然插嘴道："李峰小时候啊，我最清楚了。我告诉你们，李峰小时候最邋遢了。他整天拖着两条鼻涕虫，哪里有现在的风光啊！他的手，就像是黑煤球一样，我简直怀疑他从来不洗澡，也从不洗脸洗手，难以想象啊，黑煤球如今长大成人就变得这么干净了。"同学们全都哈哈大笑，李峰却觉得非常难堪，他阴沉着脸对杜文说："你知道的这点陈年旧事已经卖了多少遍了，还有价值吗？"看到李峰生气了，同学们都尴尬起来，气氛紧张而又难堪。

原本杜文是想揭李峰的老底儿，让同学们欢乐开怀的，不想此时的李峰显然是有头有脸的成功人物，因而小时候的邋遢模样也就成为心底的痛点。既然他已经通过努力树立了成功人士的形象，自然不想再丢面子，因而他对杜文的话很生气。如此一来，大家全都觉得尴尬难堪。杜文呢，这个揭老底儿的笑话非但没有起到如愿以偿的效果，反而事与愿违，让在场的同学们都很难堪。

面对他人心里不愿被触碰的痛点，不管你是出于好心想要安慰，还是出于恶意和开玩笑，都必须管好自己的嘴巴，千万不要随意触碰。从需要的角度来说，如果他人想要得到你的安慰，则一定会主动向你倾诉，寻求帮助。相反，如果他人不主动提起，你也最好不要说，因为这一定是他人想要独自疗伤的表现。我们与他人交往，一定要建立在尊重的基础上，唯有更好地尊重他人，才能让交往更深入和亲密。

聊天心理学

己所不欲，勿施于人，说的也是这个道理。因而，不管我们再怎么生气，也应该避开他人的痛点，这是做人最基本的底线和原则。

适当自嘲，一举两得

曾经有位名人说，自嘲是最高境界的幽默。的确如此，能够坦然自嘲的人，一定有着超强的心理素质，也不会因为一些无关紧要的事情就否定自己。在自嘲的同时，倘若还能顺带着抬高别人，讨得别人的欢喜，岂不是一举两得吗?！真正的强者，无畏自嘲，也不怕贬低自己，因为他们很清楚自己的实力，也不担心会因为自嘲和贬低就真的降低自己。人际交往中，显而易见的赞美并不容易，往往会有拍马溜须之嫌，但是自我贬低则不同，以贬低自己的方式适当抬高他人，是让人心花怒放又不至于误解的。

来到新公司之后，对于办公室里几个已经成为同事好几年的女孩，薇薇总是觉得彼此之间隔着万水千山，无论如何也亲近不起来。这倒不是因为薇薇不好相处，而是那几个女孩几年来朝夕相处，就连节假日也经常相约一起度过，因为作为一个小团体的她们根本不愿意接纳新成员。为了攻入这个小团体，薇薇简直煞费苦心，但收效甚微。

一天中午，有个叫思雨的女孩，在网上买了件时髦的旗袍。趁着午休，她迫不及待地换上旗袍让其他小姐妹们看。看着几个女孩热闹地围在一起叽叽喳喳，对旗袍品头论足，一旁的薇薇便想出了一个好主意。当她听到思雨说："哎呀，我最近就是长胖了，以前我穿M码的衣服根本就是宽松的，现在你们看，紧绷绷的，难为情。"薇薇凑上去，说："你这哪里叫胖啊！那你以前肯定太瘦了，因为你现在不胖不瘦刚刚好，又纤细苗条，又匀称丰满。哪里像我啊，我告诉你们，我的腰围二尺六呢，我和你们一比，简直就是个大水桶。就像你这件国色天香的旗袍，穿在你身上叫倾国倾城，穿在我身上直接就爆裂了，根本就像是箍在水桶上。"听到薇薇这么抬高她，思雨高兴得简直合不拢嘴。尤其是听到薇薇把自己形容成大水桶时，思雨便更觉得自己婀娜多姿了，因而她马上高姿态地说："哎，你这也不是胖，是比较丰满。而且，现在有好多大码的衣服呢，穿起来特别有派头儿，可惜我这样的想穿也穿不起来，倒是很适合你。"薇薇惊讶地说："真的吗？我很少上网买衣服啊，我买衣服特别困难，要是有合适的你一定要给我推荐啊！”

第二天，为了报答薇薇贬低自己抬高她的情谊，思雨就为薇薇在淘宝上找了一件大码的衣服，看起来飘飘洒洒，非常有气质。薇薇说：“既然你说好，思雨，我相信你的眼光。我是最不会买衣服的，这下好啦，有你为我把关。”如此一来二去，薇薇和思雨的关系越来越亲近，也逐渐融入了小团体之中。

为了抬高思雨，薇薇慷慨大方地贬低了自己。当然，这也算不上过分地贬低，因为薇薇的粗壮身材和思雨的纤小娇弱恰恰形成了鲜明对比，也算是名副其实。只不过薇薇以带着贬损的语气说出来，让思雨觉得无限感激。其实，很多女孩在说自己胖的时候，都是为了获得他人的夸奖。思雨也是如此，她如愿以偿地得到了薇薇的真诚赞美，可谓心满意足。既然如此，她当然也会想着回报薇薇，为薇薇也做些力所能及的事情。如此礼尚往来，让她们彼此之间的关系越来越亲密。

曾经有个人特别胖，就连坐公交车都需要占用并排的两个座位。有一次，朋友们都笑话他越长越胖，他却不以为然地说：“哼，我是胖，但是我比你们都有优势。知道吗，我连做好事都是你们的双倍！”朋友听了他的话全都疑惑不解，他却继续一本正经地说：“你们每次坐公交车让座，只能让一位女士坐下。我呢，每次让座，都有两位女士可以得到座位，因而我也就得到双倍的感谢和欢喜。”

听了他的话，你是不是觉得他非但不因为自己的胖感到自卑，反而发自内心地充满自信呢？这才是真正的强者，心理上无比强大，而且思维敏捷，能够机智灵活地做出反应。

自古以来，人们就认识到水涨船高的道理，与这个道理相反的是，要想让某件物体显得高一些，也可以利用贬低其参照物的做法。例如，这个世界上如果没有丑的存在，也就无所谓美。为了衬托玫瑰花的娇艳，那些硬生生的刺显得无比难看。同样的道理，在人际交往中，我们不可能永远成为焦点，很多时候，我们必须抬高别人。然而，赤裸裸的阿谀奉承又让人感到难堪，在这种情况下，不如适当贬低，也就间接起到了抬高他人的效果。

人的天性就是爱面子。很多人虽然心里知道自己是错的，做得不足，也不愿意当着他人的面承认。因而，我们与人交往时，要想赢得他人的心，首先要做的就是给足他人面子。无疑，抬高他人是一种很好的给足他人面子的方法

聊天心理学

显而易见的赞美并不容易，往往会有拍马溜须之嫌，但是自我贬低则不同，以贬低自己的方式适当抬高他人，是让人心花怒放又不至于误解的。

过度热情的火焰，烧毁友谊的小船

中国人向来讲究礼仪，不管是待人接物，还是与人相处，都讲究要表现出真诚的热情。然而，凡事皆有度，一旦热情过度，就会让人觉得虚假。因而，我们应该把握好热情的度，让他人既感受到我们的热情，又不至于觉得生疏。

表姐结婚之后，这是小娜和小敏姐妹第一次去表姐家里做客。进了表姐家，表姐马上拿出切好的西瓜，再三地让小娜和小敏不要客气，使劲地吃西瓜。小娜和小敏吃了几块西瓜之后，表姐又马上拿出一些小点心。这时，虽然小娜和小敏已经没肚子吃点心了，但是表姐还不停地拿起点心往她们手里塞。小娜和小敏只能尴尬地拿着，又吃不进去。

在表姐过度热情的招待下，她们简直如坐针毡。好不容易等到吃饭的时间，表姐在饭桌上简直一刻也不停地给姐妹俩夹菜，堆在她们碗里就像小山一样。如此一来，小娜和小敏反而不好意思吃了，因为哪怕只是吃掉一个山尖尖，表姐也会马上再给她们堆上。吃完饭，表姐马上开始泡茶，看那架势，好像恨不得把家里所有好吃好喝的都拿出来让小姐妹俩尽情享用。这样的热情接待，让小娜和小敏别扭极了。她们吃完午饭只待了一会儿，就迫不及待地告辞了。临行前，又是一番推推搡搡，表姐非要给小娜和小敏礼物，让她们带回家。如此折腾了足足十分钟，小娜和小敏才顺利离开表姐家。回家的路上，小娜郁郁寡欢地说："以后，我再也不来表姐家了，简直比受刑还难受呢！"小敏也深有感触地说："是的，表姐还不如不理我，让我自己招待自己好呢！"

在日常生活中，如果我们受到冷落，一定会觉得委屈万分。那么，当你受到过度热情的对待时呢？会觉得整个人都很轻松自如吗？答案是否定的。这正应了那句话，凡事皆有度。任何事情，一旦过度，就会导致过犹不及。热情，也是如此。

对于表姐的过度热情，小娜和小敏都深切地感受到了表姐和她们之间的心理距离。为此，她们非但不领表姐的情，反而因为表姐表现出的生疏，也疏远了表姐，纷纷表示不愿意再来表姐家里做客了。

不要觉得过度热情一定能让客人感到宾至如归，也许事实恰恰相反，反而会让客人觉得如坐针毡。曾经有人说，过分热情会让人感到不适的灼热，甚至无法从容以对。只有适度热情，才能给予他人最好的体验，让他们在最佳距离上感受到你的热情与真诚。

适当的热情，能够表现出我们对待他人的热心和真情。然而，一旦热情过度，则效果相当于冷待。试想，如果是有一定情分的人，彼此之间无须过分热情。那么，过分热情无异于告诉他人，你与我之间非常生疏，必须客套才行。反过来推论，假如你想表现出与一个人亲密的样子，那么千万不要过于热情与客套，例如，我们在与陌生人见面交谈时，自然而然地会说“谢谢”“请”等这些表达客气的礼貌用语。然而，在和朋友相处时，或者是夫妻之间，如果每天说话也这么客气，则显得非常生疏，甚至看起来不像朋友，更不像朝夕相处、相濡以沫的夫妻。再如，对于初次见面的人，如果对方一见你就亲热地称呼你为“哥”“姐”，那么你一定会觉得肉麻，甚至怀疑对方是否有不良动机。这就是太不把自己当外人的后果。由此可见，不管是过于客套和热情，还是过于自来熟，都无法给他人留下良好的印象。只有把握好人际关系之间的度，才能做到热情有度，感情适度。

聊天心理学

凡事皆有度，一旦热情过度，就会让人觉得虚假。因而，我们应该把握好热情的度，让他人既感受到我们的热情，又不至于觉得生疏。

简单的投其所好，不可忽视的沟通技巧

你是否有过这样的经历：面对陌生人时，尽管心里很愿意和对方建立一种融洽的关系，也小心翼翼地和对方搭话，但是无论你说什么，对方都是一副冷冰冰的样子，不愿和你有更多的交流。

遇到这种情况难免会让人觉得尴尬、沮丧，也许你会埋怨对方：怎么这么不给面子？也许你会自责：到底哪里出了问题？其实，与不熟悉的人在一起的时候，彼此之间肯定都会存有戒备和疏远心理，这是再正常不过的事了。

如果你希望自己的主动交流更有成效，和陌生人有进一步的沟通，就要想办法激发对方的谈话欲望，聊些让对方觉得开心的事情，做到投其所好。

美娅是一位心理专栏的资深作家。一次，她与某出版社的主编在出书条件方面进行交涉时，虽然努力尝试找出令双方都满意的条件，但是一直无法达成一致，稿件进度一拖再拖。

由于进行了长时间的商谈，双方都感到十分疲倦，于是，美娅主动约出版社的主编在一家咖啡馆见面。

主编喜欢打网球，美娅也同样喜欢，当坐下来时，美娅先开口说道："上个周末，我到网球馆打球，可是很不顺。"话一说完，美娅就开始观察对方的反应。

不出所料，主编马上兴致勃勃地问："你也喜欢打网球吗？"

美娅说："我其实并不擅长，但是很喜欢，只要有时间就去打。"

主编兴奋地说："哈哈！其实我也蛮喜欢这个运动，几天不摸球手就痒痒！"

两个人一谈到感兴趣的话题，情绪就越来越高涨，不知不觉，双方还约定下次一起去打球。令美娅欣喜的是，几天后，双方便签订了合同，而且基本上都是按照美娅所希望的条件订立的。

在人际交往中，投其所好是一个非常高明的技巧，虽然在有些人看来，这样的行为过于简单粗暴，甚至无异于拍马屁，但是不可忽略的是，这一技巧十分有效。

不过，如果只是简单地附和他人的想法、观点，或是装作和对方有同样的喜好，则也许在短时间内能够有所收获，然而从长远来看，这种功利性的附和不但容易让人失去自我，而且一旦被人揭穿，还可能会带来无法弥补的负面影响。所以，要多用心去感受，多用大脑去说话，而不是用心情去说话，这样做不仅能使你在人际交往中畅通无阻，而且能为你带来工作上的好运。

举个例子，如果你的老板是个球迷，恰好你也有此爱好，那么工作闲暇在一起时，势必会经常谈论足球，甚至相谈甚欢。但是假如你的老板是C罗的忠实粉丝，而你恰恰讨厌C罗，如果你违背自己的本意，刻意迎合老板的话，就有些问题了。一来，你的内心肯定会觉得别扭；二来，若是今后无意中流露出自己的真实想法，则老板肯定会觉得你这个人不够真诚，这样你在老板心里的印象就会大幅减分。

在人际关系中，之所以不能以违背本心的态度投其所好，是因为人际关系并不是一时一刻的事，而是长久的交流。而且投其所好也并非单纯的附和，而是必须在对的时间、场合说该说的话，做该做的事。当然，在此之前，我们要做到彻底了解对方的个性喜好，这样才能一拍即合。

聊天心理学

如果你希望自己的主动交流更有成效，和陌生人有进一步的沟通，就要想办法激发对方的谈话欲望，聊些让对方觉得开心的事情，做到投其所好。

乱插话比冗长的发言更令人讨厌

说话谁都会，但如何把话说得有艺术，把话说到对方心坎里，从而建立良好的人际关系，却不是每个人都能做好的。当别人表达观点时，有种人只管构思自己的想法，根本听不进别人的观点，这样很可能导致观点重复，话题偏移，浪费双方的时间。

人际沟通应注重和每一个人进行良性互动，既不能偏重某些人，又不能只顾自己，想说什么就说什么，否则，你只是在发表意见，而不是在沟通。一个善于沟通的人，必须既能随时照顾别人的感受，又能适时表达自己的意见，这才是良性的人际互动。

很多人都特别讨厌别人打断自己说话，但总是喜欢打断他人说话，殊不知打断他人是一种没有礼貌的行为。比如，当他们与朋友谈论一个话题时，对方正在发表自己的见解，可他们听到一半，还未等对方说完，就突然冒出自己的观点，急于发表自己的看法；或者，当对方刚要讲一个故事，起了个头，这个故事又恰恰是他们听过的，他们便不假思索地说“啊，这个我听过”，于是，马上阻断对方，让对方不知是否需要继续讲下去。

培根曾说：“打断别人，乱插话的人，甚至比发言冗长者更令人生厌。”

当你迫不及待地想要打断别人时，你应提醒自己多给别人一些表达的机会，这样才有助于获得人际双赢。如果你实在想要插嘴，也应该得到他人的允许或者是暗示，在最好的时机把自己想要说的表达出来。

如果你在生活中遇到这类人，不妨多些宽容，多给他们一些自我表达的机会，耐心倾听他们的想法，然后适时用语言暗示：“现在我可以说了吗？”当然，你也可以善意地提醒对方：“希望在我说话的时候，你先不要插话，好吗？”这种方式能够提醒对方调整自己的人际沟通方式，从而实现更顺畅的交流。

倾听，意味着情感的分享，需要我们放弃自己的立场，完全进入对方的世界。一说到倾听的重要性，大多数人总认为自己很有耐心，其实你只是想为自己赢得更多的好处，你的内心始终有一股推动力，想要迫使倾听结束，然后表达自己。不可回避的是，你的内心存了太多“自我”的私念，忍不住想要打断对方，这就不是纯粹的倾听了。

其实，要想更好地与人沟通，就得学习一点倾听的技巧。因为人际关系的成功重点在沟通，而沟通的关键则在于倾听。在直抒胸臆之前，你先听听对方的话是很有必要的。

然而，对许多人来说，做一个好的听者，却是一件很难做到的事情，他们总是按捺不住内心诉说的冲动。其实，没有人喜欢自己说话时被别人打断，推己及人，我们对其他人也需要保持这份礼貌。除非一些特殊情况，不说出来很可能就会忘了，否则千万不要在别人话说时突然打断，以免错过谈话中最精彩的部分，而且给别人留下一个不好的印象。

所以，在任何一种谈话场合，不论对方的话有多荒谬、有多可笑，也不论你是不是理解或反感对方所说的话，都要忍住辩驳的冲动。你要记住，一个人越有水平，他在听别人讲话时就越认真。

聊天心理学

一个善于沟通的人，必须既能随时照顾别人的感受，不打断别人说话，又能适时表达自己的意见，这才是良性的人际互动。

过分地较真会破坏和谐的氛围

生活中的很多事情，原本都是没有那么绝对化的。在一起愉快地聊天，就不能较真，更不能像谈判一样寸步不让。人与人之间任何事情都是相互的，你对他人宽容友好，才能换来他人的宽容友好。因而，我们聊天时一定要本着轻松愉悦的态度，千万不要过于较真。生活只有不那么较真，才能得到更多的快乐。最典型的例子是，我们明明知道自己不是美女，但是当别人称呼我们美女时，我们依然高兴得喜滋滋的。同样的道理，我们也会慷慨地称呼她人美女，或者称呼他人帅哥，这原本都是无关紧要的事，高兴才是王道。

要想愉快地聊天，就要记住聊天不是咬文嚼字，也不能咬文嚼字。很多人把聊天当谈判，动不动就与他人争执不休。如此较真，不但伤了别人的好心情，也伤了自己的好人缘，何苦而为呢？

原本，这个周末，妈妈准备带着乐乐一起看电影，却因为乐乐的一次较真，变得不愉快起来。

早晨八点钟，乐乐准时起床，洗漱吃饭之后开始写作业。很快，将近两小时过去了，但是乐乐的作业还没有写完。因而，妈妈催促乐乐："快点儿吧，十点啦，再过半小时就得出发去电影院了！"这时，乐乐看了看墙上的挂钟，说："骗人，妈妈你是大骗子。现在才九点五十三分，根本不是十点。"妈妈不以为然地说："还差几分钟就十点啦。生活又不是科学实验，怎么可能精确到分秒呢！"说着，妈妈又催促乐乐："快点儿，快点儿！"乐乐却不依不饶："九点五十三分，还差七分钟才十点呢！你这么说就是不对的，你是个大骗子妈妈。"妈妈有些生气了，却又不知道如何和乐乐解释，因而只得说："你再多说几句就真的十点整啦。要是耽误了看电影，你可别哭。"乐乐一边写作业，一边嘟嘟囔囔：妈妈是个大骗子，妈妈撒谎。这时，妈妈恼羞成怒，对着他一番河东狮吼。乐乐哭了起来，却依然不服气。就这样，原本是可以高高兴兴、开开心心去看电影的，这下子，只好委委屈屈地去了电影院，也影响了乐乐和妈妈的心情。

如果说聊天必须是有情调的，那么聊天的情调就是轻松愉悦。它既不同于会议时的严肃认真，也不同于辩论时的寸步不让，就是安然闲适，轻松愉悦。很多人总是过于较真，哪怕闲聊天，也总是咬文嚼字，未免让人觉得太累。时间久了，大家就会都不愿意和他聊天。如此一来，他的人缘当然也就好不到哪里去了。

虽然乐乐只是小孩子，也许是没有理解妈妈所说的话，但是乐乐这么较真，却伤害了妈妈的面子。倘若是成人之间如此较真，就真的不能愉快地聊天了。

所谓闲聊，就是漫无目的地聊。因而，谁也不必为闲聊时的话负责，谁也不必对他人闲聊时说的话较真。否则，闲聊就失去了悠闲惬意的氛围，变得让人紧张万分。

聊天心理学

很多人把聊天当谈判，动不动就与他人争执不休，如此较真，不但伤了别人的好心情，也伤了自己的好人缘。

种下真诚收获真诚

在许多交际场合，人们听惯了不想听的话，但又不能不听，不能不说。因为这些话都徒有形式，没有内容，缺乏感情，听得人心烦却又不能不应付。面对大家都在寒暄，都在客套，都在有口无心的时候，如果能别开生面，表达真情，便能打动人心。

抗战期间，著名作家张恨水在成都大学演讲时说的一段话，体现了他爽快的性格。张恨水说：“今天，我这个‘鸳鸯蝴蝶派’作家到大学区来演讲，感到很荣幸！我取名‘恨水’不是什么情场失意，我取名‘恨水’是因为我喜欢南唐后主李煜的一首词《相见欢》：‘林花谢了春红，太匆匆，无奈朝来寒雨晚来风。胭脂泪，相留醉，几时重？自是人生长恨水长东！'我喜欢这首词里有'恨水'二字，我就用它做笔名了。"

张恨水的一番话真是快人快语，把自己的文学流派、性格爱好统统"自报家门"，毫不相瞒。这样的说话显得真诚坦率，听众无不深受感染。

说话遮遮掩掩、吞吞吐吐，想说又不痛快地说出来，这不是成功人士的做派。想说就说、干脆利落、洒脱旷达、直抒胸臆，充分显示出成功人士的潇洒。

口才好的人与人交谈，一句话就抓住了对方的目光，让对方愿意听、乐意说或者一下子就征服对方，使其产生特别的好感。与人交谈，有时可能"话不投机半句多"；而如果说话投缘，就会"言逢知己千句少"，给交际架起绚丽的彩桥。那么，与人交谈时，如何才能把话说到别人心坎上去呢？选择好话题和真诚是最起码也是最重要的两方面。

人与人交谈，贵在真诚。只要你与人交流时能捧出一颗恳切至诚、火热滚烫的心，怎能不让人感动？怎能不动人心弦？白居易曾说过："动人心者莫先乎于情。"炽热真诚的情感能使"快者掀髯，愤者扼腕，悲者掩泣，羡者色飞"。

只有用一颗真诚的心与人交往，才能换来彼此的心灵相通，驱除人为的隔膜，坦诚以待。真诚是一笔宝贵的财富，拥有这笔财富的人将是这个世界上活得最自在的人，同样，语言的魅力源于真诚。

说话不是敲击锣鼓，而是敲击人们的"心铃"。"心铃"是最精密的乐器。因此，成功的人总是能用真挚的情感、竭诚的态度击响人们的"心铃"，并刺激之、感化之、振奋之、激励之、慰藉之。对真善美，热情讴歌；对假恶丑，无情鞭挞。让喜怒哀乐，溢于言表；使黑白贬褒，泾渭分明。用自己的心弦去弹拨他人之心弦，用自己的灵魂去感染他人的灵魂，使听者闻其言，知其声，见其心。

一个人种下什么，就会收获什么。种下欺骗，收获的就不会是真诚；而种下真诚，收获的也一定是真诚。要想打动人心，就必须学会真诚，用简单的话语表达出我们内心的诚意。

因此，话不在多，而在于分量。只要掌握了说话的技巧，即使寥寥数语也可以打动人心。

如果一个人能用得体的语言表达他的真诚，他就很容易赢得对方的信任，与对方建立起信赖关系，对方也可能因此而喜欢他说的话，并答应他提出的要求。能够打动人心的话语，才可称得上是“金口玉言”“一字千金”。

说话是一个传递信息的过程，所以要提高自己的说话水平，增强自己的语言魅力，并不完全在于说话者本人能否准确顺畅地表达自己的思想，还在于他所表达的思想、信息能否为听众所接受并产生共鸣。也就是说，要将话说好关键还在于如何拨动听者的心弦。

心理学家认为，人与人之间存在“互酬互动效应”，即你如果真诚对别人，别人也会以同样的方式给予回报。道声“谢谢”，看似平常，可它却能引起人际关系的良性互动，成为交际成功的促进剂。

在生活中，有些人长篇大论甚至慷慨陈词，可就是难以提起听者的精神；而有些人仅仅寥寥数语，却掷地有声，产生吸引人的魔力。这是为什么呢？

很简单，后者能了解人们的内心需要，能设身处地地站在对方的立场，为对方着想。因此他们的话总是充满真诚，也更容易打动人心。

沟通是我们生活的主要部分。而说话又是我们沟通的一种重要途径。说话是一个传递信息的过程。因此，在说话时，要努力提高自己的说话水平，增添自己的说话魅力，将话说好，使自己的语言能够打动听者的心弦。

统计数据表明，我们大多数人每天花费 50% ~ 75% 的时间，以书面形式、面对面的形式或打电话的形式进行沟通交流。而在交流中 80% 是以语言即说的形式进行的，那么说什么以及怎样说便成为我们成功沟通的关键。

情深，才可惊心动魄。语言真诚，即使几句简单的话，也能引起听众的强烈共鸣。学会用真诚打动听众的心，可以帮助人们在交往中捕获人心。

真诚的语言，不论对说者还是对听者来说都至关重要。说话的魅力，不在于说得多么流畅，多么滔滔不绝，而在于是否善于表达真诚。最能赢得人心的人，不见得一定是口若悬河的人，而是善于表达自己真诚情感的人。

聊天心理学

如果一个人能用得体的语言表达他的真诚，他就很容易赢得对方的信任，与对方建立起信赖关系，对方也可能因此而喜欢他说的话，并答应他提出的要求。

用宽容之心维护和经营友谊

人们对他人的印象大多数取决于最新的认知，而甚至掩饰了此前形成的印象主题。举个最简单的例子，倘若你对一个朋友很不满意，但是当他人让你切实说出不满意的理由时，你却只能勉强说出两三条。这是因为，你只记得最近的几件事情，而把此前的全都忘记了。

这个就是近因效应。所谓近因效应，其本质是心理学中的一种现象。指的是人们在对一系列的事物进行记忆时，对末尾的部分记忆明显强于中间部分。这是因为随着时间的流逝，人们对于最新的事情总是印象深刻，而把前面的印象逐渐模糊和淡忘。

生活中，近因效应非常常见。尤其是在人际交往中，人们常说的哪怕千好万好，只要有一个不好，就会全部抹杀，其实也是基于近因效应的道理。

曾经，有心理学家经过研究证实，在学习上近因效应的作用也非常明显。例如，在紧张的复习阶段，学生们经过复习之后，对最后复习的知识总是印象深刻。由此可见，近因效应与短时记忆之间有一定的关联。了解了这个规律，就可以大大提高复习的效率。不过，曾经有心理学专家研究证实，人与人在最初开始交往时，受到首因效应的明显影响。而在交往进行到一定阶段之后，近因效应的效果开始显现。由此我们也不难得知，不管是与朋友还是与他人相处，都要注意持续性。任何感情，都不是一蹴而就的，我们只有更用心地去经营和维护感情，才能让友谊地久天长。

作为好朋友，小梦和艾琳非常亲密，不但从小玩到大，又是同学，因而成了铁杆闺密。不过，最近小梦的父母正在闹离婚，家里每天都是吵闹声不断，有的时候争吵升级，小梦的父母还会动起手来，把家里砸得乱七八糟。因而，小梦心情郁闷，简直失去了活着的希望。昨天晚上放学，艾琳和往常一样等小梦一起回家，不想小梦却郁郁寡欢地说："你先走吧，以后不用等我了。"艾琳不知所以，生气地说："我好心好意等你，你却这样！"小梦情绪激动地喊道："我就这样，你再也别理我了。"听了小梦的话，艾琳伤心不已，她哭喊道："原来，你的一切都是虚伪的，你根本不当我是朋友，所以才会这么不在乎我。"喊完，她就跑开了。

未来的很多天里，小梦与艾琳形同陌路。艾琳坚持认为小梦在欺骗她，没有拿她当朋友。有一次，小梦特意拿来了自己珍藏的巧克力送给艾琳，想与艾琳和好，但是艾琳却粗暴地说："收起你的虚情假意吧！"小梦伤心地走了。她不知道如何告诉艾琳，因为爸爸妈妈离婚，她马上就要跟随妈妈去外地读书，分别就在眼前。直到小梦离开，艾琳看到了小梦给她留下的信，才明白一切：原来，原本无忧无虑的小梦承担了巨大的压力，又面临着家庭的支离破碎，心情非常不好。艾琳马上给小梦写了回信，在信里，她对小梦说："不管什么时候，我们都是好朋友，我会永远在你的身边。"

在这个事例中，艾琳因为近因效应，在被小梦无端地疏远之后，完全忘记了彼此之间曾经亲密无间的情谊，总觉得小梦是在欺骗她的友情。也因此，即使小梦拿着珍藏已久的巧克力来与她和好，她也毫不留情地拒绝了。直到小梦跟随妈妈转学去外地，直到艾琳读了小梦的那封信，一切误解才烟消云散。

由此可见，即使是朋友之间，一旦产生误解或者不愉快，一定要及时解释，及时弥补，这样才能尽快修复友情，让彼此之间再次变得亲密无间。

我们在生活中总是牢牢记住刚刚发生的事情，在人际关系中甚至忘了别人的好，而只记得别人最近做错的事情。其实，人非圣贤，孰能无过。尤其是与他人相处时，面对他人的错误，我们必须怀着宽容的心态，及时调整和改变自己的态度，才能更好地经营友情。

聊天心理学

与他人相处时，面对他人的错误，我们必须怀着宽容的心态，及时调整和改变自己的态度，才能更好地经营友情。

LEARN TO COMMUNICATE
WITH THE PUBLIC

第三章

会聊天的人不怯场，和谁都能聊尽兴

正视和允许不完美，社交恐惧并不恐怖

你的身边有没有这样一些人：与人打交道时，不喜欢假惺惺地称兄道弟；喜欢和自己看得顺眼的人来往，不喜欢那些自来熟的人；一到人多的场合，就插不进话。

再接着往下看，在你的身边，兴许还会有这样一些人：有的女人说什么都不愿意自己出去逛街，若是问她原因，她竟然会说这样自己就完全暴露在所有人的目光下，会觉得浑身不自在，心里焦虑不安；有的男人在公共卫生间，一定要等到旁边没人了才肯“嘘嘘”，或者干脆直奔单独的小隔间，否则便尿不出来。

还有一种人，他们的表现更加极端，就连排队候车或是在商场购物都会有压迫感，他们不敢与人对视，别人不经意的一个眼神就能让他们陷入严重的焦虑、惶恐中，甚至发颤、出汗、心跳加速。

以上所有这些人的共同之处，就是讨厌面对人群或是害怕面对人群，对自己以外的世界有着强烈的不安感和排斥感，尤其是在不熟悉的社交生活和群体中，往往会产生焦虑和社交障碍。

实际上，这些人在私底下做这些事时并没有任何困难，只有在别人注意到他们的时候，他们的行为才会发生障碍。这就是我们经常说的“社交恐惧症”。这些人害怕在公共场所讲话，甚至是害怕与他人进行简单的对话，害怕约会，害怕拥挤的公共休息室，害怕在他人面前写字，等等。

那么，这种社交问题是怎么产生的呢？一般来说，这与我们小

时候的家庭环境有很大的关系。童年时期，我们常常会被家长要求“向爷爷奶奶问好”“和叔叔阿姨说再见”，可是在孩子的眼里，这些人完全是素未谋面的陌生人，然而，家长经常忽略给孩子“准备接纳”的心理缓冲时间，再加上为了表现出自己得体的教养，所以会强行要求孩子这么做。

结果，如果孩子不愿说话，或是躲在大人身后，而家长又特别好面子，孩子很有可能就会受到批评，甚至被当众责骂。殊不知，家长对孩子的过度指责极易使他们产生自卑心理，比如，在见到认识的人时，如果没有主动打招呼，就会产生羞耻感，觉得大人不喜欢自己了，进而逐步产生畏惧的情绪，害怕见到认识的人，更不敢与人对视。

生活中，不少社交恐惧症患者就是这样从小埋下了阴影，他们年幼的心里，永远也忘不了那次受到指责时家长的眼神和语气，因此在后天的成长中害怕与人接触，变得自闭。

当然，社交恐惧症并非对胆小、平庸者情有独钟，那些从小被夸赞的“别人家的孩子”、出类拔萃的精英也可能不幸中招。由于他们特别注重别人对自己的看法，又十分享受别人的鼓励与肯定，因此，如果哪一方面做得不够完美，就会对负面评价表现得异常敏感，结果整个人变得惶恐不安。

事实上，这种人害怕的不是别人，而是自己。他们把注意力高度集中于对自我的盲目要求上，一旦没有得到别人的关注或肯定，宁可选择回避社交。这样，似乎恐惧没有发生，其实对于社交的恐惧已经在其心里生根发芽了。

社交恐惧症并非很多人认为的只是人际关系问题那么简单，它会严重影响我们的工作和生活。在某些情况下，如果不接受专业治疗，则很可能会成为一种慢性甚至是终生疾病，更可怕的是，这种疾病几乎没有改善或者恢复的可能。所以，必要时，一定要寻求专业的心理疗法，通过放松心理状态来对抗这种焦虑情绪，从而达到消除社交恐惧的目的。

如果你正遭受社交恐惧的困扰，又该如何逃脱缰绳呢？首先，不妨停下来想一想，你对自己的要求是不是太高了？俗话说："物有所不足，智有所不明。"大千世界，芸芸众生，谁都没有那么完美，当然也并非一无是处。在明确自己的长处与短板的前提下，不跟自己较劲，不对自己一味地挑剔与苛求，正视并允许自己不够完美，这才是根治社交恐惧症的良方。

聊天心理学

在明确自己的长处与短板的前提下，不跟自己较劲，不对自己一味地挑剔与苛求，正视并允许自己不够完美，这才是根治社交恐惧症的良方。

巧用"对不起"消除厌恶感

"对不起"这三个字看来简单，可是它的效用，不是别的字所能比拟的。这三个字，能使顽固者点头，能使怒气消减，甚至能化敌为友。

戴尔·卡耐基时常带着自己心爱的小狗，到家附近的森林公园去散步。为了保护游客的安全，这个公园有个规定，必须为狗戴上口罩，拴上链条，才可以进入公园。一开始。卡耐基按照规定遛狗，可是看到自己的爱犬可怜的模样，很不忍心，于是就将口罩和链条取下，让爱犬无拘无束地在公园里玩耍。

没想到这被一位公园警察看到了，他走了过来，对卡耐基说："你没有看到公园门口贴的公告吗？"

卡耐基争辩道："噢，我的狗是不会咬人的。"

警察一听，厉声警告卡耐基："法官可不会管你的狗会不会咬人而放过你，下次再被我看到，你自己对法官说去！"

过了几天，卡耐基一大早就带了爱犬，到公园里一处很空旷的地方溜达，看看四下无人，于是又将狗的口罩和链条取了下来。

说来也巧，上回碰到的那个警察，不知从哪里钻了出来。卡耐基见到警察慢慢地走过来，心想大事不妙，这下准逃不掉。根据上次的经验，和他争辩只会让他更恼火。

卡耐基想了想，以满面羞愧的表情迎上前去。

他故意很难为情地对警察说："警官，对不起，你才警告过我，可我又犯错了，我有罪，你逮捕我吧！"

警察愣了一下，笑意爬上原本严肃的脸庞，他很温和地对卡耐基说："我知道谁都不忍心看到自己的狗可怜兮兮的模样，何况这里没有什么人，所以你取下了口罩。"

卡耐基轻声回答道："但是，这样做是违法的。"

警察望了望远处说："这样吧！你让小狗跑到那个小丘后头，让我看不见，这件事就算了。"

消除厌恶感，避免伤害对方的感情，最聪明的办法是：自己谦逊一点。自己有过失的时候立刻道歉，别人会给予宽容。

“对不起”三个字，意思无非是让别人占上风，你既然让他占了上风，他还有什么更多的要求呢？

你在汽车上踩了别人的脚，说声“对不起”，被踩的人自然不会计较什么了。若因为你的过失，使别人吃亏，而你还不承认自己的错误，好像别人吃亏是咎由自取似的，这就不能使别人原谅你了。

在交际应酬的过程中，说了对不起，认了错就真的会被瞧不起，会被认为能力差，会丢面子，会得不到信任，会失去威信吗？我们都知道，多少夫妻之间的相濡以沫、多少同事关系的一如既往，关键皆在于：双方能坦然地承认自己错了。

从刚懂事起，父母、老师就教导我们要诚实，要勇于认错，要知错就改。想想小时候养成了一个多么好的习惯啊，而长大后却逐渐生疏起来。看看我们的周围，经常可以听到“我不会……因为遗传……”“我迟到，因为……”“我的计划没完成，因为……”等，即使错了，“对不起”之类的话我们也难以说出口。面对同事和朋友，我们拉不下脸面，怕被瞧不起；面对长辈和领导，我们怕失去信任；面对小辈，我们怕失去威信；面对客户，我们怕承担责任……正是在这些害怕中，我们一点点地丧失勇气，迷失自己。更重要的，容易让人感到我们没有修养。

卡耐基有名的人际关系原则中有一条：如果错在你，应当立即、断然地承认。我们要认识到认错并不会丢面子，也不会说明你能力差，相反，它还能证明你是个有勇气的人，大家也都会喜欢一个勇于承认错误的人。

聊天心理学

消除厌恶感，避免伤害对方的感情，最聪明的办法是：自己谦逊一点。自己有过失的时候立刻道歉，别人会给予宽容。

成与耐心，毁于急躁

在生活中，有一些人脸皮太薄，自尊心太强，经不住别人的拒绝。他们只要略一受阻，就会脸红，感到羞辱、气恼，要么是和别人争吵闹翻，要么是拂袖而去，不再回头。从表面上来看，这种人很有几分“你不给办就拉倒”的“骨气”，其实这是过分脆弱的表现，导致他们只顾面子而不想千方百计达到目的，对事业是没有任何好处的。因此，我们在找人办事时，既要有自尊，又不要抱着自尊不放。为了达到交际目的，有必要增强抗挫折的能力，碰个钉子脸不红心不跳，不气不恼，照样微笑着与人周旋。只要还有一丝希望就应该全力去争取，不达目的决不罢休。一个人如果有这种顽强的意志，将会没有办不成的事情。

有句俗语是这样说的：“心急吃不了热豆腐。”这正说明耐心是成功的关键因素之一。在心理学上，耐心属于意志品质的一个方面，即耐力。它与意志品质的其他方面，如主动性、自制力、心理承受力等有一定的关系。

倘若你的观点是对的，一时说不服人家，你很可能会犯过分心急的毛病。当然，倘若人家听了你的说服的话，立刻点头叫好，这自然是最好不过的事情。

实际上，这样的情况并不多见。别人的看法、想法、做法，不是一天形成的。“冰冻三尺，非一日之寒”，因此，要对方改变看法也绝非一日之功。

相反，即使他当时表示了心悦诚服，你还要让他回去好好考虑。因为积习难改，当面服了，回去细想可能还会出现反复。假如是这样的话，千万不能指责对方是“当面一套，背后一套”。

没有耐心是办不成事的，更不用说办大事。在说服中，具有耐心，善于使用拖延战术，以达到控制说服节奏的目的，将使你在说服中占据主动，然后在适当时机答应对方一些条件，则容易达成协议。

有一次，日本一家航空公司就引进法国飞机的问题与法国的飞机制造厂商进行会谈。为了让日方了解产品的性能，法国方面做了大量的准备工作，各种资料一应俱全。说服一开始，急于求成的法方代表口若悬河，滔滔不绝地进行讲解，翻译忙得满头大汗。日本人埋头做笔记，仔细聆听，一言不发。法方最后问道：“你们觉得怎样？”日本代表非常有礼貌地回答道：“我们不明白。”“不明白？这是什么意思？”法方代表焦急地问道。日方代表笑着说：“不明白，一切都不明白”。法方代表看到一切都要前功尽弃，付之东流，十分沮丧地说：“那么……你们希望我们怎么办？”日方提出：“你们可以把全部资料再为我们重新解释一遍吗？”法方不得已，又重复一遍。这样反复几次的结果。日本人把价格压到了最低点。日本抓住法方代表急于达成协议的弱点，以“不明白”为借口，施以拖延战术，迫使对方主动把价格压下来。

由此可见，在与人进行商谈时，一定要放下浮躁的心态，千万不要急于求成。一个聪明的人就应该从容地与人交流，一步步地达到自己的目的。

诸葛亮因错用马谡而失掉战略要地——街亭，司马懿乘势引大军 15 万向诸葛亮所在的西城蜂拥而来。当时，诸葛亮手下没有一名大将，只有一班文官，所带领的五千军队，也有一半运粮草去了，只剩两千多名士兵在城里。众人一听到司马懿带兵前来，都不禁大惊失色。诸葛亮登上城楼观望后，对众人说：“大家不要惊慌，我略用计策，便可叫司马懿退兵。”

于是，诸葛亮传令，把所有的旌旗都藏起来，士兵原地不动，倘若有私自外出以及大声喧哗者，立即斩首。又命令士兵把四个城门打开，每个城门之上派 20 名士兵扮成百姓模样，洒水扫街。诸葛亮自己披上鹤氅，戴上高高的纶巾，领着两个小书童，带上一张琴，到城上望敌楼前凭栏坐下，燃起香，然后慢慢弹起琴来。

司马懿的先头部队到达城下，见了这种气势，都不敢轻易入城，便匆匆返回报告司马懿。司马懿听后，笑着说：“这怎么可能呢？”于是便令三军停下，自己飞马前去观看。离城不远，他果然看见诸葛亮端坐在城楼上，笑容可掬，正在焚香弹琴。左面一个书童，手捧宝剑；右面也有一个书童，手里拿着拂尘。城门内外，二十多个百姓在低头洒扫，旁若无人。司马懿看后，疑惑不已。他的二子司马昭说：“莫非是诸葛亮家中无兵，所以故意弄出这个样子来？”司马懿说：“诸葛亮一生谨慎，不曾冒险。现在城门大开，里面必有埋伏，我军如果进去，正好中了他们的计，还是快快撤退吧！”于是各路兵马都退了回去。

沉默与沉默相撞，照样撞击出精彩的火花。空城计，是沉默的较量。诸葛亮与司马懿，这两个凭智力吃饭的人，他们对彼此是非常了解的，对方的性格、修养、爱好、经验等都了如指掌。这就为他们战胜对方增加了一定的难度，而如何抓住空当，利用对方眨眼的一瞬间攻破对方的精神防线，就会变得极其重要。

诸葛亮以静制动，他的临危不惧临时起到了“语言”的作用——他与司马懿对峙着，古筝飘荡出悠扬的音符，这是他的智慧与勇气，还有孤注一掷的赌注。“此曲只应天上有，人间能有几回闻？”那一刻，老司马不能不选择稳妥的办法，只得下令撤退！

总而言之，一项说服往往需要通过长时间的努力才能达成。除了使用说服技巧外，还有更深一层的原因，就是任何公平可行的协议，不论其对双方具有多么大的好处，双方都需要花费一定的时间去理解它。当我们抛弃旧有的理念去接受新鲜事物时会有很大的阻力，所以想要让他人最后接受新鲜事物，必须给别人充足的时间让他慢慢去理解。

聊天心理学

在与人进行商谈时，一定要放下浮躁的心态，千万不要急于求成。一个聪明的人就应该从容地与人交流，一步步地达到自己的目的。

内向之人也可以喋喋不休

三毛的丈夫是个很内向的人，虽然爱疯爱玩，但是并不很爱说话。大多数时间里，三毛这个富有才情且绝世而独立的女子，与荷西就像是两个彼此独立的小行星，在他们共同的家里彼此闲逛，各人看着各人的书，互不打扰。然而，三毛却知道荷西的话匣子开关在哪里。

在从撒哈拉沙漠撤离出来之后，他们在加纳利群岛定居，在一幢面朝大海春暖花开的房子里安家。一天，三毛正在做饭时突然听到窗外传来小鸟叽叽喳喳的叫声，因而不假思索欣喜地冲着荷西喊道："快看窗外！"不想，荷西看到小鸟之后，马上就像是打开了话匣子一般喋喋不休地说了起来。他想起了自己小时候和小伙伴们一起爬山上树抓鸟、下河抓小鱼小虾的经历，而且唠唠叨叨说个没完，直到三毛都听得厌烦了，荷西依然意犹未尽，滔滔不绝。

有过这样的几次经历后，三毛总是很小心地不去触碰这个掌握着荷西话匣子的开关，因为每次提起窗外的清风白云小鸟，荷西这个内向的大男孩就总是像被打开了专管说话的开关，一说起来就没完没了。

生活中，有些人非常内向。他们总是怀着满腹心事，却不愿意对任何人诉说。除非遇到非常志同道合的好朋友，否则他们是不愿意喋喋不休的。即使是与熟识的人之间，他们也不想毫无保留地诉说，因为他们喜欢生活在自己的世界里，享受一个人的孤独与寂寞。

荷西便是这样一个内向的人。实际上，内向的人真的没有交流的需要吗？当然不是。

人是群居动物，每个人都无法做到真正离群索居。内向的人之所以内向，不愿意喋喋不休地诉说，大多数情况下是因为他们没有遇到合适的交谈对象。一旦遇到他们欣赏且信任的人，他们就会诉说满腹心事。从某个角度说，内向的人因为心思细腻，感情缠绵，因而对人对事往往有着更加深刻的体验和敏锐的感触，所以他们一旦说起话来，更加深远绵长，思虑也比其他人更多。

从荷西的反应上来看，毋庸置疑，三毛打开了他的心门，因而儿时那些鲜活的记忆瞬间浮现在脑海里，很难拒绝，也很难控制倾诉的欲望。

对于内向的人，如果我们也能如同三毛这样，打开他们的话匣子，则一定会让他们侃侃而谈。

当然，谁也不是谁肚子里的蛔虫。我们要想掌握他人话匣子的开关，首先要做到了解他人。也许有人会说，面对陌生人，如何了解呢？这简直是不可能的嘛！

其实没关系，每个人交谈的兴趣点都是相似的。例如，人们总是喜欢谈论自己，那么你就让他尽情地诉说自己好了，你完全可以成为一个倾听者；再如，人们总是爱说自己感兴趣的事情，或者是曾经让自己骄傲的事情。所以，只要你给对方一个“好汉也提当年勇”的机会，你就能够成功打开对方的话匣子。在掌握这些基本情况的基础上，你可以摸着石头过河，一边与对方交流，一边认真细致地观察对方，从而及时调整谈话方向，把话说到对方心里去。如此一来，谈话怎能不热烈而又尽兴呢？

要想与内向者畅谈，我们首先应该获得他们的信任，打开他们的心扉。无论任何情况下，信任都是人与人交往的基础，如果得不到他人的信任，也就无所谓是否倾心。如果你足够细心，且很真诚，你就会发现内向者的内心世界非常丰富，而你也很容易捕捉到他们内心的信息。尤其是当得知他们的喜好时，你再做到投其所好，则更容易触动他们的心灵，让他们畅所欲言。

聊天心理学

与内向者畅谈，首先应该做到了解他们，并获得他们的信任，打开他们的心扉。内向的人一旦说起话来，更加深远绵长。

不动干戈回击无礼之人

生活中，无礼之人我们不时会遇到：无礼纠缠、无端寻衅、刻薄挖苦、出口成脏，等等。与这些无礼的人、令人讨厌的人交谈，既不能冷眼相对，辱骂对方，也不能大发雷霆，以粗对粗；当然也不应该置之不理；更不能面红耳赤手足无措，不知如何是好。最理智、最有效的方法是运用以下介绍的交谈辞令巧妙出击，稳妥地保护自己的尊严与人格。

1. 含蓄警告

对于那些具备相当文化素养的人，对其不当行为，采取点到为止的含蓄警告是适宜的，例如：

有个漂亮的女孩儿，发现对面单元的一个小伙子接二连三地用望远镜在窗口窥视她。她非常生气，真想登门骂他一顿才解恨。可转念一想，骂人毕竟不是有修养的人所为，弄不好自讨没趣。最后，她巧妙地查到了那个小伙子的电话并请一位男同事拿起了话筒：

"喂，你好，你对面单元的姑娘昨晚把长筒袜放在哪了？"

"你打错电话了。"

"不必谦虚，这电话就是打给你的！"

对面单元的小伙子"啪"地挂掉电话，因为他分明听到了含蓄的潜台词："赶紧扔掉你的望远镜吧，别以为人家不知道，这可不是什么有趣的事儿。"

2. 以柔克刚

有位姑娘戴着一顶漂亮的编织帽在舞场同她的女伴们欢快地跳着舞，引来好几个社会嬉皮士打赌：谁有胆量取下那姑娘的帽子？真有一位不知羞耻者上前一把扯下了姑娘的帽子，在场的人们都惊呆了。那位姑娘先是吓了一跳，弄明白是怎么回事后，她先镇定下来，不顾女伴们的阻拦上前理论："你为什么取我的帽子？"

"因为你的帽子漂亮，我想看看。"

"可这是女士帽，难道你想戴？"

这时旁边的嬉皮士插嘴道："他想弄一顶给他的妹子戴！"

"我奉劝你最好不要让你的妹妹戴上这顶帽子，说不定她也会像我这样被吓得半死。"

那个嬉皮士被这个姑娘话语中所含有的讽刺力量给镇住了，只好乖乖地还了帽子。

3. 摆脱纠缠

一位中年男子在酒吧柜台边看见一位新来的姑娘姿色颇佳，就厚着脸皮上前搭话："我以前好像在什么地方见过你？"

姑娘红着脸说："我想没有吧，先生。"

中年男子依旧喋喋不休地说："怎么会呢？我肯定见过你，也许就在你以前工作过的地方，而且还和你说过话……"

姑娘急中生智地说："先生，你太武断了，我以前在一个人人怕去又最终不得不去的地方当过美容师，我的顾客们都不能像你这样用话来吓唬我。"

那中年人一时回过味来，再也无心纠缠下去，灰溜溜地到一边"凉快"去了。

4. 最后通牒

有位经理，见一位公关小姐姿色美艳，一味令人肉麻地恭维："小姐，你是我遇见过的最漂亮的女孩子，令人神魂颠倒，我将永远忘不了你！"

公关小姐虽然厌烦至极，但职业本能使她必须有所克制。于是，她灵机一动说："那我告诉你一件使你容易忘记我的事吧！我的男友是全市业余拳击赛冠军，他是个喝酒外行喝醋内行的家伙！"

经理一愣，半信半疑地说："这么巧？"

公关小姐意味深长地笑起来："信不信由你，说不定等一会儿您就能验证结果。"这位对公关小姐存非分之想的经理，只得干笑着退却了。

5. 绵里藏针

用表面温和但实际上尖锐讽刺的语言反击对方，使其无法软磨硬缠下去或借口发火。这种方式在一些公共场合比较有效，既不扩大事态范围，又体现自己的涵养。不温不火，让对方哑巴吃黄连，有苦说不出。

在行驶着的公共汽车上，女售票员要求一个男乘客购车票。男乘客说："我没有零钱，下次再买。"售票员说："乘车就要买票，这是规矩。如果确实没有零钱，我也可以给你兑换。"男乘客大光其火，粗着嗓门耍横："我没有钱？笑话，不要说买张车票，就是连你一块儿买了也不成问题，你信不信？"周围的旅客都为这位售票员捏了一把汗，只见她冷静地说："我相信你有钱，但不相信你这么自不量力。"在大家的笑声中，那位男乘客无地自容，只得乖乖地买了车票。

6. 先承后转

不直接挖苦、斥责对方，而是顺着对方的思路谈下去，最后话锋一转，得出一个令对方大出意外的结论。这种方式一波三折，很有攻击力量，让对方猝不及防。

在一次舞会上，一男子邀请某女士跳舞，他说："你知道吗，小姐，我非常爱你。"

"爱我的什么呢？"

"你的一切。"

"我的一切包括丈夫和孩子，请问，你也爱他们吗？这位女士巧妙幽默的对答，既维护了自尊，又表明了态度，使那男子碰了一鼻子灰，无可奈何地走了。"

7. 戏而不谑

有时，如果一本正经地加以警告或训诫，油滑之徒未必罢休，反而会借题发挥，抓住“正经”二字大做文章。在这种情况下，用幽默诙谐的方式嘲弄对方，效果较好。

有一个女话务员，几次接到一个陌生青年的电话骚扰。有一天，他在电话里表示自己很喜欢她，随即唱起了“对你的爱，爱不完”的歌。这位女话务员灵机一动，说：“用户同志，为了节约你的电话费，你的爱到此为止。”

8. 正语反说

对于一些无理取闹的人，有时不能从正面去直接交锋，从反面用说反话的方式可以让对方既不失面子，又悟到你的愤怒、不满，往往知趣而止。

一家酒店有一位优秀服务员名叫陈慧莲。有一天她当班时，来了几个小青年。

“你就是陈慧莲小姐吗？我们想看看你究竟漂亮不漂亮！”

对方无礼的语言是明显的挑衅，怎么办？破口大骂？不！陈慧莲微笑着说：“很遗憾，我长得并不漂亮，和普通人一样，今天你们几位的光临，倒为酒店增添了色彩，我感到很荣幸。”

这几个人刚才还得意扬扬，这时却卡了壳，半天说不出话来，赶紧规规矩矩地点了菜，低头就餐。饭罢之后，陈小姐按礼节送他们出去，走到门口停住步子微微躬身道：“欢迎你们再来。现在风大，小心着凉。”这番话里还有一种暗示：因为他们个个光着膀子。

后来，这几个人又来过酒店，个个西装革履，再也不像过去那样个个光着膀子无礼取闹了。

以自谦入话，并透出一种不卑不亢的凛然之气，然后将话题一转，用尊敬的语言谈起对方，用“客”“光临”“荣幸”等词，显得彬彬有礼；用“增添色彩”的反话暗示对方身上刺满了花纹，又暗示对方的无礼语言为酒店增添了不协调的气氛，整个语言于反话之中带着正面的指责，具有很强的打击力。

总之，社交场合历来是鱼龙混杂的地方。三教九流，各色人等应有尽有。不愉快的事时有发生。如何摆脱无礼讨厌的纠缠，处置其不当的冒犯行为，大致可遵循以下三条原则。

（1）立即反击。让对方知道自己看错了人，语气既可义正词乎、锋芒毕露，亦可柔中带刚、绵里藏针。但在娱乐性的社交场合，以后者为佳，点到为止，为对方保留面子，避免事态进一步恶化和扩大。

（2）态度鲜明。不要吞吞吐吐、黏黏糊糊或是拐弯抹角，词不达意。否则给对方产生半推半就的误会，以致纠缠不清。

（3）回避。三十六计，走为上策。

聊天心理学

与无礼的人、令人讨厌的人交谈，最好不要直言相对，以免发生冲突。最理智、最有效的方法是巧妙出击，稳妥地保护自己的尊严与人格。

坚持底线，重拾信心

想想直至今天以前自己做的事情，你觉得自己是一个一味退让的人吗？如果你是那种退了再退的人，现在就要清醒地认识到这样长久下去的危害：在别人眼中，你可能是那种“好欺负”的人。在一个团队中，当人们需要有人退让时，肯定会第一个想到你，并且一致决定牺牲你的利益。另一方面你在潜意识里已经给自己贴上了“必须退让”的标签，长此以往，你的个人利益一定会受到损害，甚至偶尔说出“不”字时，连你自己也很不适应。

桑蒂是某跨国公司的一名职员，事业蒸蒸日上，家庭也幸福。但是在三年前，她的处境却并非如此。“那时，我的状态简直糟透了”，桑蒂回忆说，“我就像一只风筝，被风吹着走，被任何人牵着走。谁拽我，我就跟着谁。我就像一辆没有方向盘的汽车，没有一点原则。”

桑蒂的男朋友想去非洲工作，于是征求她的意见。虽然她对男朋友的安全问题顾虑重重，但是却没有勇气拒绝。不幸的是，半年后，她失去了男友——男友在一次暴力事件中被意外杀害。后来，父母想让她去纽约工作，她虽然不喜欢但也没有拒绝，于是在那间枯燥无趣的办公室耗了一年多的光阴。

在那段日子里，桑蒂总是无精打采的，觉得什么都没有意思，觉得每一天都是灰暗的，因为每天的生活都不是由她自己决定的，甚至一度处于抑郁的边缘，认为男朋友的死完全是自己造成的，为此有好长一段时间需要靠吃安眠药才能入睡。

后来，桑蒂在参加了好几次心理咨询后，才下定了改变的决心："从今天起，我要找回自己，谁也不能再侵入并主宰我的生活。"这一次，她退到了最后一步，然后成功地阻止了倒退的步伐，不再接受任何人的驱使。她辞掉工作，拿出半年的时间给自己充电，最终找到了自己喜欢的事业，也在自己喜爱的城市组建了温馨的家庭。

无论是在生活还是在工作中，有的人总是退了再退，没有墙角，也没有最后一道防线。

实际上，为自己设置一条底线，就是为自己准备了一条坚固的跳板。无路可退，才能激发出生命的热情，重拾信心，进而迸发出巨大的力量。而且很多时候，是否具备底线思维，会直接影响我们的生活态度和工作成果，也会决定我们在上司心目中的形象，决定我们在朋友圈中的地位。

你要知道，底线思维能够帮你提供继续前进时所必须拥有的坦然和镇定，让你有担当的决心和意志，这样才能果断地承担风险。如果没有底线思维，做人做事不讲原则，就会让自己变得犹豫不决，不能轻易地做决定或是承担风险，自然也无法采取行动。

要避免这样的危害，就必须设置底线，坚守底线，也就是说，为自己安排一道最后的战壕，明白无误地告诉自己："当我退到这一步时，就不能再往后退了，必须阻止对方的前进。

聊天心理学

为自己设置一条底线，无路可退，才能激发出生命的热情，重拾信心，进而迸发出巨大的力量。

小麻烦促成好交情

人们都喜欢趋利避害，怕给别人找麻烦，从小到大，很多善良的人常常信奉这样一句箴言："没事别麻烦别人。"在他们看来，麻烦别人是不可取的。于是，他们几乎什么事情都自己处理，从来不爱请别人帮忙。但是这类"好人"的人脉网络却常常单薄得可怜，反倒是那些"厚脸皮"的人，他们经常麻烦别人，事业往往很成功。这又是为什么呢？

其实，有时候适当表现出一些自己的短板，让身边的人帮助你，并且在接受别人的帮助后，表达自己由衷的感激，更加容易拉近彼此之间的距离，让人更愿意与你做朋友。

尤其是在职场上，很多人都有过这种体验：一个原本印象不够好的同事，来找你帮了几次忙之后，你竟然发觉你对他的偏见渐渐消除了。这里讲的就是这个道理。

每个人都有自己的优势和不足，面对自己不擅长的领域，在你绞尽脑汁也不见一点成效时，请教一些经验丰富的伙伴，也许能助你迅速补足短板、提升能力。

当然，这样的"求助"只有做得好了，才能既不让自己感到别扭，又能让人乐意向你伸出援手，这不得不说是一门技术含量极高的交际艺术。那么，什么程度的麻烦是可以让别人帮你扛着的呢？怎样麻烦别人才不会显得廉价呢？

首先，这个麻烦不会给对方造成大麻烦，否则，对方难免会怀疑你究竟想从他那得到什么。不过，这个世界上偏偏有一类人最招人厌烦，他们的依赖性极强，总是把本该自己解决的麻烦随意转嫁到别人身上，总是指望伸出手来就可以无偿得到最正确的答案。然而，他们忘记了：真正良好的社交关系应该是彼此在交流中都能有所收获，也只有这样的关系才能够长久地维持下去。一次次地伸手，长期地单向索取，只会让人觉得你实在无药可救，简直就是社交领域的不劳而获者，这样你就会被对方拉入他的黑名单中。

其次，你的“求助”最好不要牵扯到金钱上。要知道，人脉更多的是一种情感上的交流，若是牵扯上具体的利益，则会染上铜臭味。即使确实存在利益关系，也要避免将这种“求助”看作建立人脉的一种方法，而要严格将其视为一个契约。

当然，当你请求别人帮助时，态度一定要真诚。要时刻记住：这是你自己分内的事情，别人就算帮了你，也没有义务帮你一辈子，所以不要一副理所当然的样子。如果是自己责任及能力范围内的事，并且你可以独立完成，就不要随便麻烦别人，更不要因为别人愿意帮助你而把责任都推到别人身上。总之，不麻烦彼此，也就没有了交流，没有了交流，自然就丢掉了感情。只有学会麻烦别人，才能交到朋友。

好的人脉关系，就是互相麻烦。这次，你麻烦一下他，下次，他麻烦一下你，一来二去，两个人熟了，关系也亲近了。很多时候，等价的交换，才能有等价的感情。所谓等价的交换，其实就是互相麻烦。人与人的交流，就是因为次次的麻烦，才培养出更好的感情，就是因为双方拿起电话一次次拨出，才增进了彼此的情谊。

聊天心理学

适当表现出一些自己的短板，让身边的人帮助你，并且在接受别人的帮助后，表达自己由衷的感激，更加容易拉近彼此之间的距离，让人更愿意与你做朋友。

LEARN TO COMMUNICATE
WITH THE PUBLIC

第四章

会聊天的人不摆谱，几句话说到心窝里

便宜占一分，尊严少一分

学会吃亏也是一个搞好人际关系的好机会，假如他人在你面前犯了错，你必须要抱着吃亏是福的心理，学会吃亏的智慧。在现实生活中，许多人都唯恐自己吃亏，千方百计地占他人一点便宜。其实，吃亏是福是有心理学依据的，它是一种聪明的交往方式。一方面，经常吃亏的人觉得自己很豪爽，逐渐培养一种自我牺牲的精神，变得乐于助人，从而提高自己的精神境界。另一方面，天下没有白吃的亏。在与他人交往的过程中，每个人都遵循着类似的原则，你的付出不会凭空消失，它将像一笔存款一样存进你的人品账户，用一种你意想不到的方式回报给你。

李嘉诚曾说："一件看起来是吃亏的事，通常会变成十分有利的事。"人的一生不可能一点亏不吃，问题是我们怎么看待"吃亏"。朋友之间相处，很难做到公平公正，总需要有人承受不公平。吃亏是在所难免的，既然如此，又何必与人计较呢？又何必折磨自己呢？

许多时候，吃亏不仅不会损失你的利益，还会给你带来利益。人们都说，人心是一杆秤，假如你可以做到遇事不斤斤计较，对他人不过分苛刻，你身边的人自然会尊重你、信赖你，你的生活氛围将变得宽容、和谐。

美国总统威廉·哈里森小时候不爱说话，所以大家都觉得他是一个傻瓜。周围的人经常拿他开涮，每次都在他面前放一枚五分的硬币和一枚一角的硬币，然后对他说他可以拿走其中的一枚。哈里森每次都不顾那枚一角的硬币，拿走那枚五分的硬币。

一位妇女对此十分好奇，问哈里森："孩子，那个一角的硬币更值钱一些，你应该把它拿走，难道你不明白这个简单的道理吗？"

哈里森回答说："夫人，谢谢您的提醒。我当然明白这个简单的道理，可是假如我把那枚一角的硬币拿走，以后谁还会拿出两枚硬币摆在我面前让我选择呢？到了那时，恐怕我连五分的硬币也拿不到了。"

大家习惯用常人的思维评判别人，把别人的反常行为定义为愚蠢，其实，那些反常的行为更能体现一个人的聪明才智，是智慧的象征，也是会变通的表现。

长期以来，大家最忌讳把朋友间的交往和交换结合到一起，觉得谈论交换是一件十分庸俗的事情，是在亵渎人和人之间的感情。其实，无论是从物质的角度讲，还是从情感的角度说，朋友间的你来我往都有一种交换的味道。既然是交换，就免不了利益上的你多我少，也就免不了要吃亏。

吃亏是福。在生活中，大家对那些喜欢占他人便宜的人往往没什么好感。表面上看，这些人的确得了便宜，其实则不然，从做人的角度分析，这些人吃了大亏。一个处处贪便宜的人，很难做到让周围的人喜欢他，更不可能和他做朋友。如果得便宜要以失去朋友为代价，岂不是得不偿失吗？

我们都知道，求人帮忙是最难的，但是，假如你让别人欠了你的人情，求别人帮忙就会变得非常容易。有时候，即便你一言不发，也会有很多人心甘情愿地伸出援助之手。吃亏会让你变成施者，让你的朋友变成受者，表面上看你吃亏了，实际上是赚了。还有什么比朋友欠你一个人情更好的？让朋友欠你一个人情，比金钱更可贵，比财富更重要。经常吃亏的人在亲朋好友眼中是一个豁达大度的人，能让朋友心甘情愿地帮助你。

不过，吃亏要有度，付出的不可太多。每一个人都害怕欠他人无法偿还的人情，担心给对方带来巨大的心理压力，让人觉得特别累。正常的人际关系不能给人太大压力，否则就会破坏这种人际关系，导致两个人之间的关系越来越远。

唐玄宗时期，姚崇是赫赫有名的宰相。姚崇有一位同窗好友，名叫张宗全，深谙吃亏是福的为人之道。

姚崇年轻时，和张宗全一起求学。有一次，老师出了一个题目，让姚崇和张宗全按照这个题目写出一篇文章。姚崇和张宗全都做了精心的准备，交出了自认为不错的文章。机缘巧合之下，两个人交出的文章在内容上几乎没什么不同，连观点都一样。老师看到后大发雷霆，万万没想到，自己的两个得意门生人品这么差，竟然做出偷抄他人文章的事情。

看到这种情况，姚崇据理力争，声称文章并非是偷抄的。张宗全也没有偷抄他人的作品，但是为了平息老师的愤怒，就对老师说："我前几天和姚崇兄谈起过这个题目，为姚崇兄的高谈阔论所折服，所以就按照他的观点写出了这篇文章。"

听了张宗全的这番话，老师终于明白，是自己错怪了两位学生，于是心中的怒火消去了一大半。这件事过去后，姚崇十分钦佩张宗全的为人，为他的广阔胸襟所感动。姚崇当上宰相后，就把张宗全推荐给唐玄宗，于是唐玄宗封张宗全一个正三品官衔。

这个案例告诉我们，在某些无关紧要的场合中，自己吃点亏看似是糊涂的表现，其实是聪明的表现。张宗全送人情给姚崇，让姚崇感恩戴德，最后举荐张宗全做了高官，两个人之间的友谊也因此更加深厚。

喜欢占便宜的人，每占一分便宜，都会为此失去一分尊严，少去一分自信，最终在人际交往中将无法找到立足之地。相反，吃亏可以带给你意想不到的财富，让你的朋友欠你一笔无法偿还的人情债。

聊天心理学

人们都说，人心是一杆秤，假如你可以做到遇事不斤斤计较，对他人不过分苛刻，你身边的人自然会尊重你、信赖你，你的生活氛围将变得宽容、和谐。

不要让情绪掩盖了事实的真相

人生中很多误会的发生，大多时候都是因为我们宁愿相信自己眼睛看到的情况，愿意相信自己耳朵听到的声音，却不愿意给别人一个机会来解释和说明；也是因为一直坚持自己那份自认为正确的固执、放不下面子，不愿意遵从自己的内心。

小米和小麦这对姐妹，就因为一个误解，足足20年没有聚首。看到姐妹俩闹成这个样子，父母心里难受极了，眼看着年事已高，就想在有生之年看到她们姐妹心中的坚冰融化，再次情投意合，毫无隔阂。

原来，20年前，小米喜欢上一个男生。巧合的是，小麦也喜欢这个男生。但是，当小麦知道小米喜欢这个男生之后，她就选择了退让。不过，感情的事情总是很难说清楚的，这个男生对小米没感觉，他只喜欢小麦。一个周末，小麦为了表明心意，特意约了男生去古城楼上，就是为了让他死心，移情别恋小米。然而，小米恰巧也与朋友们一起来古城楼上玩耍，撞个正着。虽然小麦再三向小米解释，但是小米认定是小麦充当了第三者，插足她和男孩的感情。就这样，虽然最终小米和小麦都没有与男孩在一起，但是姐妹情分却越来越生分，足足20年没有再亲密如初。在父母的再三撮合下，她们姐妹再次相聚。这次，小麦拿出了一封陈旧的信给小米看。原来，这封信是当年男孩写给小麦的，早在小米喜欢男生之前，男生就已经向小麦表白了。至此，小米才相信小麦为她做出了牺牲，放弃了自己的爱情。看着如今生活得并不幸福的小麦，小米懊悔不已地说："对不起，妹妹，是姐姐错了。"就这样一句道歉，简简单单，却是真正发自内心的，让小麦潸然泪下。她抱着姐姐说："姐姐，我愿意为你做任何事情，只要你幸福。现在好了，我又得到了姐姐，这就是我今生最大的幸福。"

因为小米的自以为是，也是因为她的自负，情同手足的姐妹，形同陌路长达20年之久。她宁愿相信自己认为正确的、眼睛看到的"事实"，也不愿意相信小麦的解释，由此付出了任何东西都不能挽回和弥补的惨痛代价。

因为自以为是蒙蔽了我们的眼睛，我们对很多真相视而不见，对很多美好的感情毫不珍惜，可时间是无情的，它不会让一切重来。

所以，发生误会和冲突，不要一味地只遵从自己内心的想法，认为自己就是正确的，认为自己看到的、听到的就是事实，静下心来，多听一听别人内心真实的想法。

聊天心理学

发生误会和冲突，不要一味地只遵从自己内心的想法，认为自己就是正确的，认为自己看到的、听到的就是事实，静下心来，多听一听别人内心真实的想法。

铺好台阶在前，巧妙说服在后

许多人把面子看得比什么都重，所以，会说话的人在说服别人的时候，懂得给人留面子，在必要的时刻给对方一个台阶下。

为了不伤人面子，你可以在谈话中给对方铺台阶，可以假定双方在一开始时没有掌握全部事实，例如，你可以这样说："当然，我完全理解你为什么会这样想，因为你那时可能还不知道有这回事。在这种情况下，任何人都会这样做的。"或者，"最初，我也是这样想的，但后来当我了解到全部情况，我就知道自己错了"之类的。

一位顾客来到一家百货公司，要求退回一件外衣。她已经把衣服带回家并且穿过了，只是她丈夫不喜欢。她辩解说"绝没穿过"，要求退掉。

女售货员米雪检查了外衣，发现明显有干洗过的痕迹。但是，直截了当地向顾客说明这一点，顾客是绝不会轻易承认的，因为她已经说过“绝没穿过”，而且精心伪装了没有穿过的痕迹。这样，双方可能会发生争执。

于是，机敏的米雪说：“我很想知道是否你们家的某位成员把这件衣服错送到了干洗店去。我记得不久前我也发生过一件同样的事情，我把一件刚买的衣服和其他衣服一起堆放在沙发上，结果我丈夫没注意，把这件新衣服和一大堆脏衣服一股脑儿塞进了洗衣机。我怀疑你是否也遇到这种事情，因为这件衣服的确看得出已经被洗过的明显痕迹。不信的话，你可以跟其他衣服比一比。”

顾客看了看证据知道无可辩驳，而米雪又为她的错误准备好了借口，给了她一个台阶下，说可能是她的某位家庭成员在没注意的情况下，把衣服送到了干洗店。于是顾客顺水推舟，乖乖地收起衣服走了。

正是米雪满足了顾客的自尊心，把话说到顾客心里去了，使她不好意思再坚持，才成功地避免了这场争吵。所以，要想轻松说服别人，就要理解人们的合理需要，爱护别人的自尊心，只有这样才能把话说到别人心坎里去。

一般人们总是缺乏勇气正视自己的错误和谎言，通常会为谎言寻找各种借口，你若是一个精于交际之术的人，就会知道，面对别人的谎言，直接戳穿他人并不是最好的办法，必要的时候给他一个台阶，而且必须懂得如何把他从自我矛盾中解救出来，才能让他心服口服，体面地收起那套“鬼把戏”。

有一位女老师曾遇到过这样一件事：下课了，有位学生向老师反映，昨天她爸爸作为生日礼物送给她的一支黑色派克钢笔不见了。老师巡视了一下全班同学的表情，发现坐在那位同学旁边的学生神情惊慌，面色苍白。

因此，这位女老师明白了一切，但如果当面指出，不仅没有证据，还会伤害这位同学。于是，这位掌握有一定说服技巧的老师想了想说："别着急，同学，肯定是哪位拿错了，黑色的钢笔实在太多，互相拿来拿去是经常发生的事。只要等会儿她看清楚了，一定会还给你的。"果然，下课以后，那位拿了钢笔的同学趁旁人不在的时候，赶紧把钢笔还到那位女同学的笔盒里去。学生们不禁感叹老师真是料事如神。

人们都有一时冲动，做错事、说错话、得罪人的时候，如果你一错再错只会使事态变得更严重。不妨给对方一个台阶下，反而能使对方产生愧疚感，自动改正错误，悄然达到说服他人的目的。

有许多口才很好的人，往往用自己的唇枪舌剑把对方口头上所说的意见驳倒，就以为自己说服了别人，但却不知道别人心里还藏着什么疑难未解之处。这样的"说服"，只是口头上的说服，心里并没有服。别人口服心不服，就不能算是说服。别人对你的话没有心服，就不会按照你的话去做。所以，我们应该经常关心他们的生活和他们接近，倾听他们的谈话，注意他们各方面的表现，研究分析他们的行为动机和他们的心理活动规律。这些，正是我们说服别人的准备工作。

聊天心理学

面对别人的谎言，直接戳穿并不是最好的办法，必要的时候给他一个台阶，而且必须懂得如何把他从自我矛盾中解救出来，才能让他心服口服，体面地收起那套“鬼把戏”。

虚心改错，人皆仰之

著名军事家孙子曾说：“过也，人皆见之；更之，人皆仰之。”在日常生活中，我们都不可避免地会做错一些事情，但是，做错了事情并不可怕，只要能够认识到错误并改正错误，及时向对方诚恳地道歉，这样就会解开矛盾，缓解笼罩在彼此之间的怨气。

诚恳而巧妙地道歉，能够挽救友谊危机，化解尴尬气氛，继而巩固友谊，推进新的人际关系的发展。不过，在这其中，道歉也是需要技巧的，比如，温斯顿·丘吉尔对亨利·杜鲁门的第一印象十分不好，后来丘吉尔告诉杜鲁门，自己曾一度严重地低估了他。他仅用了一句高明的恭维话就表示出了自己的歉意。那么，怎么掌握道歉的技巧呢？

1. 道歉用语

诚恳地道歉需要适宜的道歉用语，比如“对不起”“请原谅”“很抱歉”“请你转告王先生，就说我对不起他”“对不起，是我的错”“我错怪你了”“不好意思，给你添麻烦了”，等等。

2. 把握道歉的最佳时机

当你发现自己说错了话或者做错了事情，就需要及时地道歉，道歉越及时越有效果，我们很难想象在几十年后才说“对不起”会产生什么效果。当然，道歉的最佳时机还应该选在双方都心平气和的时候，在对方情绪比较好的时候，会更容易接受你的道歉。

3. 先批评自己

等对方的责备劈头盖脸袭来再道歉似乎为时已晚，这时候你已经激起了对方的怒火。因此，我们需要先发制人，率先批评自己，这样对方就不好意思再责备你了，而且，也会宽容地谅解你的错误言行。

4. 巧借物传情

如果直接道歉不太适合，可以选择打个电话或写封致歉信，也可以请一位彼此信任的朋友或同事代为转达歉意。等对方心情平复之后，再登门致歉赔礼

与人交往，有可能会说错话，有可能会做错事，这就难免会得罪他人，导致原本和谐友好的人际关系出现裂痕。但是，在错误发生之后，如果我们能及时道歉，主动承担责任，一般情况下，是能够得到对方的原谅的。当然，假如你发现自己错了，却不愿意道歉，甚至处处找借口为自己辩解，这样的结果不仅得不到朋友的谅解，反而还会受到道德的谴责。因此，我们不能小看道歉的作用，而且，我们还需要学会巧妙道歉，这样才能赢得对方的谅解。

聊天心理学

做错了事情并不可怕，只要能够认识到错误并改正错误，及时向对方诚恳地道歉，这样就会解开矛盾，缓解笼罩在彼此之间的怨气。

谩骂和抱怨是反映内心空虚的镜子

在日常生活中，人们习惯于通过语言来表达自己内心的情绪和情感，而且，这种语言的心理表现形式时而隐晦，令人难以察觉；时而表现得异常激烈，比如随意谩骂滋事。不管人们以哪种形式表现出来，其实都是一种心理暗示。在现代这个社会，到处充满了激烈的竞争，每个人都在一定程度上承受着生活、工作带来的压力，不满情绪在时间的堆积中达到了崩溃的边缘。心理学认为，有了情绪就需要发泄出来，否则会给身心带来一定的危害。当然，每个人采取的发泄方式不一样，如有的人可能大哭一场，有的人可能化悲愤为力量，而谩骂滋事不过是一种过于激烈的方式。其实，那些心中有了不满情绪，习惯通过谩骂滋事这种激烈的方式来发泄的人，只是表明其内心是空虚的。

女朋友带着自己的行李走了，没有告别，只是写了这样一句话“我们分手吧，我走了，你自己好好保重”。连“分手”都感觉是被通知的，小华觉得心里憋屈极了。早上强忍着痛苦去上班，却由于不小心出了差错，被上司训斥了一顿。坐在公交车上，小华对这个世界充满了恨，想着即将回到空荡荡的屋子，心里百般不是滋味。小华总觉得自己做任何事情都受到不平等的待遇，情感上的受挫，工作上的不顺，都让他心理上的不满一点点积累，今天，他觉得自己达到崩溃的边缘了。

为了女朋友，他来到陌生的城市，连个说话的朋友都没有，内心的空虚与伤痛的折磨让他极度疲惫。他想闭着眼睛睡会儿，可是没想到一个急刹车，站在旁边的一位男士不小心倒在自己的身上，小华立即骂了起来："搞什么吗，没有长眼睛吗？"男士立即道歉："对不起。""说对不起有用的话，要警察干什么，真是……"接着，小华又用家乡话骂了起来，"穿得挺像样的，没想到这么没有素质""唉，现在的年轻人啊"……周围的人纷纷议论起来，小华满脸怒气，大声喝道："司机，停车，我要下车……"司机早就注意到他了，听他这么说马上就停了车，小华推搡着下了车，临走时还不忘骂上一句。

这样的情景想来是每天都可以看见的，一些打扮得体的人因为拥挤或被踩了脚就大吵大闹，骂人的粗俗程度令人难以想象，而且，声音高得整个车子的人都能听见。谩骂者语言粗俗，与他们的形象相去甚远，甚至有的人还会因为芝麻大的事情而大打出手。为什么他们会在公众场合毫不顾及形象而大吵大闹呢？其实，他们之所以做出如此"出格"的行为是源于心理的不满，谩骂滋事只不过是发泄情绪的一种途径而已。

那些喜欢谩骂滋事的人，其内心是空虚的，他们在心理上常常会感到焦躁不安，但却没有办法消除，只好积压在心里。生活中的小事不过是导火线，于是，那些小事成了他们借题发挥的工具，趁机发泄自己内心的不满情绪。而且，他们所采取的激烈方式是不分时间、地点、对象的，也不考虑后果。

1. 源于生活、工作上的压力

其实，谩骂滋事者有这样的心理是源于生活、工作上的压力。在平时的生活中，他们没有合适的渠道去发泄自己的情绪，长期的积压使得他们的心理极度空虚，于是就借生活中的小事与他人大动干戈。当然，谩骂滋事这样的发泄方式是不合适的，而且，也是过于激烈的。

2. 自我缺乏信心

通常情况下，人们对于心中的不满情绪都会找到合适的发泄途径，比如与朋友聊天，或者转移重心，等等。而有的人选择谩骂滋事这样激烈的方式，这主要是因为他们缺乏自信，不敢或不好意思告诉朋友，也没有能力找到合适的发泄途径，只好发泄到无辜对象的身上。

3. 源于自己的经历

有的人由于儿时的经历或记忆，使得他们的内心非常阴暗，他们怀疑社会，怀疑别人。心理学家认为，在潜意识里谩骂别人是骗子可能是由于自己就有骗人的经历。从心理学上分析，很有可能他们有过类似的经历，比如受过骗、上过当。

人际交往中，人们通常都会求和，以此促使交流的顺利进行。但是，在这其中，也有不少人喜欢用粗俗的语言到处谩骂，甚至随意滋事，这样的人是出于何种心理呢？其实，谩骂滋事者并不是真的与他人有什么深仇大恨，或者对他人深恶痛绝，原因可能就在于只是借此机会发泄自己的不满情绪。于是，偶然的导火线引发了一场谩骂，等到其心理的不满宣泄完毕，他们也就没事了。当心理需求没有得到满足的时候，其心理呈现一种空虚状态，他们总想“整”

出点事情，急于宣泄自己的情绪，在这样的心理基础之上，谩骂滋事的行为就产生了。

聊天心理学

那些心中有了不满情绪，习惯通过谩骂滋事这种激烈的方式来发泄的人，只是表明其内心是空虚的。不管怎样，谩骂都是一种不可取的态度。

保持谦逊的美德，赢得他人的欣赏

如果你经常出入于社交场合，或者有很多朋友，你就会发现谦逊的人在人群中最受欢迎。他们总是很低调。即使有突出的地方，也不会因此而骄傲。他们从来不挑衅他人，因而显得特别有亲和力。正如民间的一句俗语，“一瓶子不满半瓶子晃荡”。这句话的意思是说，一满瓶的水反而不容易晃荡出来，但是半瓶子的水却很容易晃得洒出来。因而，我们都应该成为谦虚的一瓶水，而不要当骄傲的半瓶水。

现实中，一个人即使再完美，也不可能得到所有人的欣赏和喜爱。当他人对我们怀着不满，我们却自以为是、趾高气扬，则显得对人人缺乏尊重，因而也必然招来更大的不满。恰恰相反，我们必须低调，必须保持谦虚的姿态，这不仅能够表现出对他人的尊重，也能表现出我们的宽容忍让，因而能够顺利消除他人心中的不满，改善我们与他人之间的关系。

尤其是在职场上，我们一定要摆正自己的姿态，千万不要随意地给自己树立敌人。谦虚是一种美德，趾高气扬的人很难招人喜欢。在秋天的田野里，饱满的果实一定低沉着头，只有空空的果实才会高昂着头。做人也是这样，越是内涵丰富、有真才实学的人，就越是能够潜下心来，把最谦逊的一面展现给他人。任何时候，我们都不能忘记谦逊的美德，它能给我们的人生带来更多的惊喜和收获。

大学毕业后，万勇进入现在的公司工作。他虽然缺乏工作经验，而且学历只是大专，但是他在工作中勤学好问，总是以求教的态度向同事们请教，因而深得同事们喜爱。每天在办公室里，大家听得最多的话就是万勇的“张姐，能麻烦您教会我这个表格的做法吗？”“默默，我想请教您做这个方案需要注意什么，您是经验丰富的啊！”“马哥，我不知道哪里做错了，你可以给我指出来吗？”随着万勇的问题越来越多，他的能力也得到快速提升。当然因为他的勤学好问和谦虚礼貌，同事们也越来越欣赏和认可他。

但是，万勇的顶头上司张主任貌似并不喜欢他，而且经常排斥他。对这一点，万勇心知肚明，但是他知道自己在公司里资历尚浅，既没有资本与上司抗衡，也没有必要因为上司的喜好影响自己的前途。因而，他始终保持谦虚的心态向上司请教。

有一次，公司要举行公开竞聘，万勇所在的部门也需要从内部提拔一名副主任。轮到万勇发言时，他说：“我也赞同张主任的意见，同意让马哥当副主任。在这里，我还要感谢大家一直以来对我的指点和帮助，如果没有你们的倾心传授，我也许现在还无法胜任工作呢！当然，我尤其要感谢张主任。一直以来，张主任都很宽容地对待我，我工作经验不足，工作上常常出错，张主任始终包容我。如果没有张主任的指导和教诲，我根本无法取得进步。”说完，万勇给大家深深地鞠了一躬。万勇这次的表现，给张主任留下了良好的印象。从此之后，张主任开始赏识万勇，而且经常找机会提拔万勇。

对于一个低调谦逊的下属，上司没有理由总是给其小鞋穿，更没必要阻碍他的发展。万勇以自己谦虚的态度，赢得了上司的好感，最终打消了上司对他的不满，甚至开始赏识和提拔他。

生活中，人与人除了人格上的平等，在很多方面都是存在差异的，并不能做到完全的平等。因而，总有些人因为自己某些方面领先于人，或者有着特殊的能力，就趾高气扬，不把任何人放在眼里。在这种情况下，他们必然失去真心结交的朋友，甚至变成孤家寡人

人们常说，要高调做事，低调做人。这也就意味着我们可以在做事的时候极尽完美，但是在做人时却应该低调内敛。很多事情，并非我们努力去表现就能证明的。当你安静地做好自己该做的事，换来的一定是人们发自内心的佩服和心悦诚服。

聊天心理学

保持谦虚的姿态，不仅能够表现出对他人的尊重，也能表现出我们的宽容忍让，因而能够顺利消除他人心中的不满，改善我们与他人之间的关系。

不过分否定权利，不过分要求迁就

生活在人群中，必然要求人们要相互迁就和忍让，但若是一意孤行，则很容易招来天怒人怨，谁有义务来迁就你呢？在要求他人尊重、宽容你之前，你有必要反省一下你自己的行为有无过分之处。

相信很多人都见过这么一类人，比如，私自占用公用楼道，堆放个人杂物的住户，不会去想自己的做法是否妥当，反而会觉得别人的举报实在是可气、招人烦。再比如，现如今，小区里养狗的人很多，狗主人的风格也是各式各样的，不过大致可以区分成两类：守规矩的和不守规矩的。前者出门遛狗时总会牵着狗绳，并且自带塑料袋，以防小狗到处排便污染环境，如果自家的狗在公共场合排便了，就会马上进行清理。而后者不仅不牵狗绳，而且小狗在外排便了也置之不理，似乎全世界都要来迁就他的狗。生活中，很多人都见过这一类人，他们明明做了有悖公德、损坏他人利益的事，却认识不到自己的过错，还扬扬得意地觉得自己的所作所为都是天经地义的。

生活中，人与人之间因为观念、习惯等各有不同，难免会产生摩擦。所以，凡事都要有尺度，一旦打扰了别人，就要考虑别人的感受。对许多人来说，小狗就像是他们的孩子、朋友，但是既然饲养了，那么必须要承担照顾和管束的义务。小狗出了家门，就要遵守社会的公德与秩序。如果小狗主人总是做出让别人觉得过分的事，还完全以自我为中心，无视别人的权益，那么别人自然不会迁就你。

很多时候，人们总是要求别人的尊重和体谅。可是那些把自己的不良行为看作天经地义的人，根本不值得被尊重。生活中，当我们与同事、朋友，甚至是陌生人相处时，如果你觉得别人反感你的行为，那么你先不要急着争辩，而是要认真地反思一下自己的做法是不是给他人带来了不便。你不要刻意去否定自己的权利，也不要过分要求别人迁就和宽容你。

聊天心理学

凡事都要有尺度，一旦打扰了别人，就要考虑别人的感受。在要求他人尊重、宽容之前，有必要反省一下你自己的行为有无过分之处。

试图改变他人只会两败俱伤

人与人之间交往，不管关系有多亲密，都不意味着想法一定会完全一致，不管我们如何努力去改变对方，对方是否真的如愿去改变，是任何人都无法强迫的。

很多人都曾有这样的经历：当我们遇到形形色色的人，遇到不顺心的事情时，我们总会习惯性地指责别人，觉得别人这样做不对，那样做是错的，总希望做一些事来改变对方，让对方达到我们的期望——我们自认为正确的做法。

让我们看看这些事实：

在恋爱关系中，我们总是希望改变对方。男人总是希望女人变得越来温柔体贴，越来越漂亮、能干，恨不得女人上得了厅堂、下得了厨房。女人希望男人越来越成功，越来越爱自己，总觉得自己把最好的年华都给了男人，所以，两个人只要一有矛盾，就一定要让男方妥协。

在亲子关系中，我们总是希望改变子女，使子女变成我们想象中的孩子，还在幼儿园就被我们早早规划好，将来是留学英、美，还是上清华、北大，是做律师还是当艺术家。

回顾一下你的过去，想想你花掉了多少时间，以求改变他人，他们可能是和你一起工作的同事、你的家人、你的朋友、你的某位客户……结果呢？

事情却是这样的：

在爱情关系中，如果总想着改变对方，则只会拉远彼此的距离。学会换位思考，停止抱怨，共同朝一个方向努力，互相理解、互相体谅才会彼此提升。如果确实接受不了现在真实的他/她，那就索性离开。

对于孩子的美好前程，很多家长我行我素的规划往往都是多虑。我们保证不了孩子最终的成就或幸福，但是我们付出的所有时间和爱便是孩子内心里最温暖的记忆，这就足够了。接受孩子也接受自己，这或许才是最好的家长。

其实，每个人都有自己鲜明的个性和主张，试图去改变他人、控制别人或是要求别人理解自己，只会浪费自己和别人的时间。而且经验一再告诉我们，你越尝试去改变别人，别人越反抗你，这样，你们之间的关系就会陷入恶性循环之中，结果双方都感到沮丧、压抑。

再者，每个人穷其一生都在追求一种安全感，试图说服别人无疑是在某种程度上摧毁别人的安全感。即使你有再充分不过的理由，别人也不会希望被人当面指出自己的错误，并逼自己承认错误。想想确实也是，每个人都很难承认自己的坚持是错误的，即使他心里非常清楚你说得更有道理。

所以，无论什么情况，我们都不要试图用自己的价值观、人生观去改变对方，更不要试图把自己的意愿和意志强加给对方；否则，换来的很可能是两败俱伤，即使再好的朋友也会越来越疏远，最终只会分道扬镳。

坦诚地说，要这些人屈服无异于要他们扮演孩子的角色，让他们明白你这是为了他们好，你才真正清楚他们需要什么或是应该怎么做，虽然你的头脑可以做出这些看似很合理的解释，但是，谁都不是完美的人，谁也没有权力去评判和试图改变别人。

聊天心理学

无论什么情况，我们都不要试图用自己的价值观、人生观去改变对方，更不要试图把自己的意愿和意志强加给对方；否则，换来的很可能是两败俱伤。

鼓励对方多说，谈话渐入佳境

一位法国哲学家说过这样一句话："如果你要得到仇人，你就要比你的朋友表现得更加出色；但是如果你要得到朋友，就让对方表现得比你出色。”意思很明白，如果你的朋友胜过你，他们就会产生一种自重感；反之，他们就会产生一种自卑感，并且开始猜疑和妒忌你。

成为沟通高手几乎是每个人梦寐以求的事情，其实，你只要掌握一些训练方法，就能做到。让对方多多说话，鼓励他们谈论自己的事情，就是一条重要的社交法则。因此，如果你不同意别人的话，并且你很想打断对方，请不要那样做，可以抱着一种开阔的心胸，诚恳地鼓励对方说出自己的看法。听人说话能让你了解对方的心意，把握对方的想法和要求。让对方多说，才能使你们的对话更有效。

玛蒂娜小姐是一位职业顾问，可是在她刚就职的三个月里，在同事中连一个说得上话的朋友也没有。

玛蒂娜为此感到很不解：“我的工作干得很不错，我一直为自己感到骄傲。奇怪的是，同事们不但不愿意跟我分享我的成绩，而且似乎很不愿意接近我。可是，我渴望和他们做朋友，而不仅仅是做同事。”

于是，她找了一位专业的心理咨询师聊天，在上了相关的心理辅导课之后，她开始按照这位心理咨询师的要求去做。工作场合，她很少谈论自己，而是多听同事说话。她发现，其实同事们也有很多值得夸耀的事。好几次，她都有一种深切的体会：“每当同事们告诉我他们自己的故事时，我能体会到这比听我的自吹更能让他们感到兴奋与愉悦。”

现在，玛蒂娜和同事们在一起聊天的时候，她都会做一个耐心的倾听者，分享他们的故事。只有当对方问及，她才略微地谈论一下自己。

有时候，弱化我们自己的成就往往会让你更有人缘。即使是我们的朋友，他们也不愿意我们一个劲儿地夸耀自己的过去，而愿意听你谈论他们的成就。有句俗语是这样说的："最大的快乐，便是从我们所羡慕的强者那里发现弱点，从而让我们得到满足。"这其实正是人性的弱点所导致的。

在我们周围，每天都有很多人为说话而苦恼——有的没办法与妻子好好沟通，导致夫妻感情破裂；有的无法向朋友清楚地表达自己的感受；有的则是兼而有之。

很多时候，当你不同意别人的观点时，你很可能会想阻止对方，但千万不要这样做。因为当对方还有很多意见急着要发表的时候，他几乎不可能理会你。要知道，所有获取快乐的手段，都比不上能够随心所欲地表达自己的想法。

最近一段时间，芭芭拉太太和她的女儿露西的关系搞得很不愉快。其实，露西以前是个十分乖巧和听话的孩子，但是在她十几岁的时候，却与母亲产生了很多矛盾。而芭芭拉太太曾试图用各种方法教训她，但是都无济于事。

有一天，芭芭拉太太伤心地跟一位女性朋友说："她根本不听我的话，我几乎放弃了所有的努力。当她从外面疯回来后，我照旧骂了她，对她我已经没有耐心了。"

露西似乎看出了她的痛苦，她问芭芭拉太太："你真想知道这是为什么吗？"芭芭拉太太点了点头。

于是，露西开始告诉她以前从未说过的事情："你总是命令我做这做那，从来没有想过要听听我的意见；当我想跟你谈心的时候，你却总是打断。"

芭芭拉太太这才认识到，女儿其实很需要自己，但她又希望自己的妈妈不是一个爱发命令、武断的人，而是一位亲密的朋友，这样她才能倾诉烦恼。可是，在此之前，她却从未注意到这些。

这次对话后，芭芭拉太太开始试着给女儿畅所欲言的机会，而她也尽量做到耐心倾听。现在，这对母女几乎成了无话不说的朋友，她们的关系越来越亲密了。

如果你希望你们的谈话进入佳境，如果你想成为沟通高手，那么请记住这项社交修炼法则：让对方多说话，多鼓励他们谈论自己的事情，这不仅有利于在商业方面赢得订单，而且有助于处理一些家庭当中的纠纷。

聊天心理学

听人说话能让你了解对方的心意，把握对方的想法和要求。让对方多说，才能使你们的对话更有效。

LEARN TO COMMUNICATE
WITH THE PUBLIC

第五章

会聊天的人懂心理，善于捕捉对方情绪

准确掌握眼神语言

通过眼神、目光深入他人内心的能力是人类独有的。在所有的灵长类动物中，只有人类的眼睛在瞳孔之外还有眼白，生物学上称为巩膜。正是由于巩膜的存在，让人们可以观察到目光的变化，从而帮助人们互相理解和交流。

最近，婷娟一天到晚总是显得心事重重、无精打采。24岁的婷娟，在一家广告公司做策划。她艺术天分很高，在面试的时候就获得了公司老总的欣赏。平时的她脑子里新点子、新创意总是层出不穷，因此在同事眼中，她就像一颗冉冉升起的新星，等待着星光耀眼的那一天。照这样发展下去，一旦她的天分被充分激活，她在这个行业里将会很有前途。可现在，她丝毫也不敢这么想了。她不断地自怨自艾，在心里哀叹："我怎么搞成这个样子，哎，完蛋了！"

事情是这样的。大约在半个月前，公司接手了一家大型网络游戏公司的推广业务。公司老总对这笔大单极为重视，在公司内部广泛征集策划方案。婷娟觉得自己的机会来了，倘若能够采用自己的方案，随之而来的不仅是薪水的增加，还会有职位的提升。为此，她跃跃欲试。用了一周左右的时间，精心设计了一套自认为很好的方案。

这天公司召开了方案会。公司老总亲自主持，各个部门的领导全员出席。前面有几个人都介绍了自己的方案，看上去老总似乎都不太满意，终于轮到她了。可能是太想成功，或者是因为太紧张了，口才一向不错的她竟然在老总面前，忽然变得笨嘴拙舌，根本表达不清自己的意思。

老总低头看了看她提交上去的方案，然后抬起头，目光友好、坦率，而且带着微笑看着她，眨了眨眼。这一看不要紧，她觉得这是在嘲笑自己无能，顿时脑子里一片空白，更加慌张，把剩下的内容说得七零八落。

事实正如婷娟事后所料，她的方案果然没有被采用。她感到无比懊恼，觉得自己的完美形象全然被摧毁了。这之后，只要遇到老总，她再也不敢正视老总的眼睛，总是躲躲闪闪的。公司的例会，她总是找借口不参加，就算参加，也只是躲在角落里。

很多时候人们都会主观臆断，然后妄自菲薄，会因为过度紧张和敏感而把别人的积极态度理解成别的意思。比如婷娟，她真的理解了老总眼中的深意了吗？

以上文中公司老总为例，他在与婷娟的交流中，“目光友好而坦率”，而且“带着微笑”“眨了眨眼”，这表明他很欣赏婷娟的能力，婷娟的方案令他十分高兴，他原本想通过自己的眼神和微笑鼓励婷娟继续说下去。然而婷娟却误解了其中的深意，以为老总盯着自己，是在审视自己、怀疑自己，还把老总的微笑理解为嘲笑，并由此导致了一系列不自信的行为，进而变得消极、悲观。

在和上司的交往中，对他的言语、表情、手势、动作以及看似不经意的行为有较为敏锐、细致的观察，是把握其真正意图的先决条件，如此准确地测得“风向”才能适时“见风使舵”。如果你想有意地、主动地从眼神中透视领导的心态，就必须掌握一些技巧：

（1）眼角微皱。心理学家发现，人们在由衷地高兴时，眼角会出现皱纹（鱼尾纹）。而“社交礼貌式”微笑往往只涉及唇部动作，属于假笑。

（2）目光躲闪。在谈话中回避目光接触，常被视为不真诚或不值得信赖。然而，心理学研究表明，不诚实的人目光接触反而更多。目光接触少或者没有目光接触，可能是害羞、紧张或无聊等多种心理活动的表现。

（3）直视对方。“交谈时双眼直视对方”所传递的信息包括：双方在一起很放松、很自信，而且对谈话很专注。因此，保持目光接触可留下良好的第一印象。

（4）长时“闭”眼。长时间闭目养神、遮住双眼和耷拉眼皮的心理潜台词是“我根本不想听到这件事”。比如，老板要求员工加班，员工可能会边揉眼睛边回答“没问题”。事实是，他根本就无法高兴起来。

（5）频繁眨眼。心理学家和体态专家已经发现，紧张或困惑会导致眨眼频率增加。当人们撒谎或感觉压力大时，也可能不知不觉地频繁眨眼。

（6）眼皮下垂。“不怎么眨眼”或“一脸茫然”说明当事人没有用心听你讲话。厌倦时的体态语还包括：反复抠手指、打哈欠、看表等。

（7）眼珠乱转。眼睛左右转动或者向下看，通常表明“正在处理信息”。这样的眼神在求职中应尽量避免，否则容易被误解为“缺乏诚意”或“试图掩盖某种事实”。

（8）眯眼。眯眼可准确显示不适、压力、评判，甚至愤怒。听话后的眯眼表情通常表明对所听内容产生怀疑、持不同意见观点或没有充分理解。

（9）瞪大双眼。当人们对某人或某物感兴趣时，瞳孔会放大。

（10）眼睛发亮。多项研究表明，眼睛里的光会随情绪的变化而发生改变。因此，高兴时，眼睛会发光；悲伤抑郁时，眼光也会暗淡。

眼神就是内心活动的一面镜子：为人正直、心胸博大者，眼神明澈、坦荡；为人做作、心胸狭窄者，眼神狡黠、阴险；志怀高远者，眼光坚定；为人轻浮者，眼光游离；善于克己者，眼神内敛；心存贪婪者，眼神赤裸；自信者，眼神坚毅；撒谎者，眼神游移；健康、精力充沛者，眼睛明亮有力、转动灵活、目光清晰；疲惫不堪者，眼睛乏力无味、目光呆滞而混浊；积极乐观者，眼睛充满笑容，善意十足；消极厌世者，眼睛下拉，不善与人眼神相接。

聊天心理学

准确地测得“风向”才能适时“见风使舵”。如果你想有意地、主动地从眼神中透视一个人的心态，就必须掌握一些技巧。

简单坐姿，暗含乾坤

俗话说：“站如松，坐如钟。”一个有远见的人一定要讲究坐姿，良好的坐姿是给别人留下好印象的关键要素之一。在他人面前，要表现出自己的成熟庄重，有意识地控制日常生活中的一些不雅动作和不良习惯，以免因为那些不雅坐姿让自己错失良机。

学会计出身的小芳有一个不太好的习惯——只要一坐下就会跷起腿抖脚，而且越抖越厉害，用别人的话来说，在桌子上放一杯水，只要她一抖脚，五分钟不到，杯子里一滴水都不会剩下。朋友和她说了好几次，她总是不以为然，终于在一次面试的时候吃了亏。

一家公司招聘财务助理，她去面试，觉得那简直就是十拿九稳的事情，可是没想到竟然惹了一肚子气回来。负责面试的是一个四五十岁的中年男子——财务总监，一开始他对小芳特别客气，热情地接待她，还给她倒水。

小芳一坐下，老毛病就犯了。财务总监觉得小芳总是在动，开始也没有注意到这一点，仔细一看才知道小芳在抖脚，当时就一皱眉。他估计小芳可能一会儿会停下来，强忍着不去看，继续面试。可眼睛老是不由自主地转向小芳的脚，终于，财务总监受不了了，暂停了面试，出去喝了杯水。回来一看，小芳还是我行我素地抖着脚。

又谈了一会儿，财务总监竟然直言不讳地要求小芳不要抖脚，小芳马上就跟对方理论了起来。财务总监一点也不客气："拿好你的东西，你可以走了。"小芳也不示弱："走就走，破地方，谁稀罕啊！"气鼓鼓地离开了。

抖脚这个小毛病，任何人见了都会心烦，你有没有类似的习惯性不雅坐姿呢？倘若有，趁早改掉，千万别让它破坏你在面试时候的整体形象。

基本上，所有的公司在招聘面试的时候都会采取面对面的座谈形式，面试时间从十几分钟到几十分钟不等，坐的时间长了，渐渐地就会感觉到不舒服，会产生一些生理方面的变化，随后心理状态也会发生变化——自制力减退，注意力分散，坐姿会不自觉地发生改变，跷腿、抖脚、踏地面，甚至玩弄衣带、烟盒、笔、名片、纸巾等一些令人反感的小动作也会随之出现。

这些动作，会颠覆之前给面试官营造的有教养、有知识、有礼貌的印象，显得你不成熟、不庄重。比如，小芳面试的时候在财务总监面前抖脚，也许她认为这根本就是一件无足轻重的事，只要自己愿意谁都管不着，但是别人会被抖得心烦意乱，比如财务总监很可能会觉得她这个人品行轻浮、不够稳重，完全不能胜任财务助理这个职位。抖脚这个动作确实是一种不耐烦或者对别人不尊重的表现，甚至在一些人眼里这是一种没有素养的行为。

倘若你在面试官面前有类似的行为，他给你的总体印象分，一定会大打折扣，甚至会对自己原来已经做出的决定重新考虑。

为什么一个人的坐姿好坏会产生如此巨大的影响呢？这是因为坐姿是人向外界传达内心思想感情的重要方式之一。仔细观察和体会一个人的坐姿，可以了解和认识这个人。在面试的时候，正确、优雅的坐姿，不仅能够传递出自信、友好、热情的正面信息，还能显示出高雅、庄重的良好风范。反之亦然。

那么，在这方面我们应该注意哪些问题呢？

（1）注意坐的位置

有两种比较极端的坐姿是特别应该避免的：一是紧贴着椅背坐，那样会显得太放松；二是只坐在椅边，那样会显得太紧张。落座之后，最好的位置是坐满座位的三分之二，这样，既能说明你坐得稳当、自信满满，不会因为稍向前倾就失去重心一头栽下去，还能说明你没有过于放松，把面试地点当成茶楼酒肆。

（2）注意上身姿势

要保持头部端正，不要仰头、低头、歪头、扭头。要保持身体直立、端正。双手可以各自扶在一条腿上，或者双手叠放，或相握放在自己一条腿上，也可以放在皮包或文件上，双手也可以放在身前桌子上，双手平扶桌沿或是双手相握置于桌上，或者你也可以把手放在椅子两侧的扶手上。

（3）注意下肢的姿势

最好避免正襟危坐，那样会让气氛比较紧张，你可以采用垂腿开膝式、双脚内收式、双脚交叉式“摆放”你的双腿，如果是女士可以采取前伸后曲式、双腿叠放式、双腿斜放式等既保险又美观的方式。

坐下之后，为了保持美观，显得大方、得体，不要让双腿叉开过大，或直伸出去，不要抖脚，不要把脚尖指向面试官，上身不要趴在桌子上，双手不要抱在腿上，这样会显得过于随意、懒散、不礼貌。在面试的时候，你可以架腿，但一定要使两腿并拢才行。

聊天心理学

坐姿是人向外界传达内心思想感情的重要方式之一，仔细观察和体会一个人的坐姿，可以了解和认识这个人。

准确解读和运用手势语言

作为交流的辅助工具，手势语言的作用不可小觑。所谓手势语言，就是指人们在进行语言表达时，因为情绪激动，或者是觉得语言乏力，因而有意识或无意识地做出来的手势动作。

通常情况下，手势语言能够辅助正常的语言交流，而且很多聋哑人在经过专业训练之后，手势语言运用得炉火纯青，能够很好地用手语与他人交流。当然，对于正常人而言，手势语言并不作为主要的交流工具使用，大多数情况下都是交流时无意间做出来的，或者是有意为了加强情绪表达而做出来的。举个最简单的例子，小时候每当惹父母生气，父母如果苦口婆心地劝说我们却达不到效果，他们就会愤怒地把手使劲地拍在桌子上，以对我们起到震慑的作用。从本质上来说，这就是一种手势语言，只不过因为情绪激动而导致幅度过大，且不够自制。

在生活中的很多情况下，有些事情是无法明说的，或者语言也不足以使他人意会。在这种情况下，我们可以多多发挥手势语言的作用，更好地传情达意。当然，我们也要学会根据现实情况准确解读他人的手势语言，这样才能领悟他人心意，从而更好地与他人交流。

这个周末，小安要随同男友张强去拜见未来的婆婆。这是小安第一次见张强的父母，所谓丑媳妇总得见公婆，尽管小安不丑，却依然非常紧张。她早早起床，拿上提前准备好的礼物，与张强在约定地点见面后，就直奔准婆婆家而去。

果然，准婆婆慈眉善目，看起来很欢迎小安的到来。小安和准婆婆礼貌地交谈着，很快，到了做午饭的时间。虽然小安要去厨房帮忙做饭，但是婆婆却再三拒绝，说厨房太热，让小安坐在客厅喝茶看电视。小安便老老实实地坐在客厅，这时，准公公下班回到家里，与小安又是一番寒暄。寒暄之后，准公公对张强说："张强，你妈呢？在做饭呢吗？"准公公一边说，一边对着张强指了指，接着又指了指厨房。张强突然领悟爸爸的意思，因而轻轻地拍拍小安的肩膀，冲着厨房的方向抬了抬下巴。冰雪聪明的小安，赶紧去厨房帮准婆婆择菜洗菜。准婆婆这次没有推却，一边与小安闲聊，一边做饭。小安一直在给准婆婆打下手，吃完饭之后还抢着收拾餐桌，刷洗碗筷。下午告辞时，准婆婆伸出胳膊搭在小安肩膀上，一直簇拥着小安，把小安送到楼下。眼看着准婆婆转身回家，小安这才松了口气。张强高兴地说："好啦，好啦，看我妈对你的样子，居然用胳膊揽着你，你应该是过关啦。从此以后，但愿你们婆媳之间皆大欢喜。"小安笑着说："傻样儿。对了，你怎么突然让我去厨房帮忙啊，看你妈的样子不想让我去啊！"张强长吁一口气，说："幸亏老爸及时回家，用手示意我去厨房帮忙，不然咱俩就犯错啦！实际上，妈妈是在和你客套呢，她当然想趁着与你一起下厨的机会，和你多多聊天。而且，这也能看出你将来能不能成为勤快贤惠的儿媳妇啊！"

丑媳妇见公婆，心里自然是紧张的，幸好，小安得到贵人准公公相助，在公公的间接指点下，准确会意婆婆心思，洗手进入厨房，与婆婆一边烹饪一边闲谈，不亦乐乎。在送小安下楼时，准婆婆也以自己的手势语言准确传达心意，她对这个儿媳妇很满意。

生活中，在与他人交流时，我们常常会情不自禁地使用手势语言。几个月的孩子在父母的教授下，就会与人飞吻，用手打啵儿；稍微大一点儿之后，他们还会对人说拜拜，并且做出相应的手势。这些，都是手势语言的最初应用。由此可见，手势语言是伴随着人们的口语发展起来的，可谓悠久长远。在日常交际中，如果我们能够很好地运用手势语言，就能够更好地与他人交流和沟通，为我们发展人际关系起到良好的作用。

聊天心理学

有些事情是无法明说的，或者语言也不足以使他人意会，在这种情况下，我们可以多多发挥手势语言的作用，更好地传情达意。

根据声音揣摩情绪变化

“声音”给对方留下最深的第一印象。人们往往根据声音所获得的印象去识人。声音的确会表现性格、人品，有时也是预测个人前途的线索。从脸部表情、动作、言辞而无法掌握心态时，往往可从声调去揣摩对方的喜怒哀乐等情绪变化。

一个人说话的语速语调能够反映出他的心理成熟的程度。语速声调适中的人多为聪明稳重成熟型；语速声调都高的人，说话就像打机枪，一阵紧似一阵，容不得旁人有插嘴的机会，多数属于热情外向，性格偏于张扬或浮躁的人。

低沉慢速的说话一般都是用脑用心在说话，高速高调的说话一般是嘴比脑子快地说话或是在倾倒肚里存货。

有些人的声音轻缓柔和，有些人的声音带有沉重威严感。

《礼记·乐记》中曾这样说：“凡音之起，由人心生也。人心之动，物使之然也。感于物而动，故形于声。声相应，故生变。”对于一种事物由感而生，必然表现在声音上。

（1）小声说话的人

这类人缺乏自信，大多属于小人型的人。他们城府很深，非常阴险，没有气度，有时甚至可以为一些微不足道的小事与他人争吵，甚至会与对方绝交。与这种人交往时，假如你随便和他们开玩笑，他们可能就会与你翻脸。另外，这类人是很有心计、善于运用谋略做事的人，不管做什么事情他都要做成功，甚至可以不择手段。倘若你想从他们的嘴里套出一些秘密，那是很难的事情，甚至是不可能的。在待人方面，他们绝对不会流露出真心，喜欢用势利眼看人，也正是如此，他们常常会受到人的唾弃。所以这类人事业上很少会有很大的成就，就因为他们根本没有任何朋友。

（2）大声说话的人

这种人是属于明朗、爽快之人，待人真诚。他们从不说假话，有什么说什么，但也正是由于说话直来直去，常常在无意中得罪人。虽然他们也意识到了这点，但是不会因此而改变自己的说话方式。另外，他们人品正直，做事光明磊落，偷偷摸摸做事不是他们的风格。他们组织能力强，有责任心，值得信赖，因此，特别适合领导者的职务。倘若他们有幸走上领导的位置，必定会将自己的才能发挥到极致，从而使事业蒸蒸日上。

（3）讲话声音突然变得很小的人

这类人的性格受心情起伏的影响很大，假如遇到不愉快的事情，心理承受能力很差，也是一种严重缺乏自信心的表现，或许是由于思绪混乱所导致的。倘若在谈到某个话题时，觉得自己没有能力办到，说话声音就会突然变小，以此来掩盖自己。

（4）讲话声音突然变得很大的人

这类人不管在说话还是在做事的时候都很有耐心，善于思考，无论对方在说些什么，他们都会认真仔细地听，边听边思考，倘若中间听到某些问题是自己不知道的，便会随时提出疑问；倘若突然说话声音变得很大，则表明他又发现了一个新的问题，并且对这个问题还有很大的把握。但是这类人也有些固执、执着，一旦他们提出某一观念而你没有按照他们的思路去做，那么可能就会发生一场争论。所以这类人在工作上十分认真，一旦确定好的事情，便会毫不犹豫地去完成。

（5）说话时高声尖叫的人

说话时高声尖叫的人，是理论家，当他们慷慨激昂时，容易有歇斯底里的现象发生，这种人最大的特点就是爱炫耀，虚荣心很强。他们对自己的一切都非常在意，希望他人每时每刻都注意自己，因为这类人希望自己留给别人的印象永远是最美好的。他们缺乏诚实感，处事的动机便会不纯，因此他们也常常会一无所获。

（6）拥有男高音的人

讲话声音很高的男性，一般都是外向性格的人。这种性格的人说话往往速度很快，但言语流畅，声音的顿挫富于变化，并且能言善辩，凡是他们想到的事情，就会毫不考虑地说出来，甚至有时在与人交谈时会把对方的话突然打断，为了达到全面实现自己主张的目的。

这种性格的人在与人见面时，只要彼此开始交谈，就可以使他的性格更加明显地凸显出来。因此，当双方话说到投机时，就会源源不断地涌现出新的话题，或许有时话题会变得支离破碎、跑题，他们还是会说个没完。因为对于这种人来说，“开讲”本身就是一件很有趣的事情。

（7）拥有男中音的人

拥有男中音的人个性比较冷酷，属于慎重的务实型人。实质上他们是很理智的人，在处理事情上，他们总是会十分冷静地来看待。他们的自我保护意识很强，有敏锐的洞察能力。但是这也使得他们变得不够热情，对身边的人和事都不太投入和重视，总是抱着一副无所谓的态度。并且，虽然他们不容易被他人迷惑，但是相应地也比较难向他人敞开心扉。这种人总是会注意到一些细微的地方，不会意气用事，也同样不会让自己的冷漠表现出来，在他人眼里这种类型的人是较为容易相处的人。

（8）拥有男低音的人

拥有男低音的人个性比较内向，他们处事清晰明朗，虽然不太具有男子气概，但十分诚实，不会拉帮结派。

他们在与人交往时，喜欢在无意识之中与他人保持一定的距离，并且还会运用自闭式的姿势，在他们心里，不希望对方知道他们的心事，也不希望初次见面就让人一眼看穿，显然，也就不会随心所欲地畅谈了。

拥有男低音的人说话的节奏会极其缓慢，平铺直叙，很少会表现出抑扬顿挫的声调变化，与人交谈时一直都会保持一定的语气与异常冷静的态度，当对方提出不相同的观点时，他们不会立马以拒绝的方式回答他人，他们一直会给人一种考虑很周到和用词很恰当的感觉。他们是典型的善于言谈的内向型的人，既不会盲目下结论，也不会以命令的口气来强迫他人同意自己的观点。

拥有男低音的人对人的防范心固然很强，但其内心非常温和，为了避免自己的发言不伤害到别人，说话之前总是会考虑再三，然后再说，同时又担心自己发表的意见导致自己与他人对立。

人的声音随内心世界的变化而变化，我们因此可以通过“声”和“音”来识人。

聊天心理学

从脸部表情、动作、言辞而无法掌握心态时，往往可从声调去揣摩对方的喜怒哀乐等情绪变化。

用心理解言语，细心观察动作

很多时候，说话者的手势会准确表达他的内心。到底是肯定还是否定，细心的人一看就能了然。例如，说话者如果采取站立姿势，且双臂环抱在胸前，双脚平行站立，则他肯定处于戒备的状态，正在随时准备反击。通常情况下，这种姿态表示明确的拒绝，也意味着对方感觉你们之间的交谈乏味至极。那么，你就应该适可而止地结束谈话。除此之外，双手交叉挡住面部，不停地看时间等，都是表示否定的意思。当交谈对象表现出这种姿势和表情，最好马上结束谈话。那么，当交谈对象面带微笑地看着你，或者十指交叉放在面前的桌子上，则都表示他非常心平气和，正在耐心认真地听你讲话。这时，你可以从容地详细讲述，也不用担心招致对方的厌烦。有的时候，听话的人还会握紧拳头，倘若此时你正说到高潮，则他是想以这种方式给你加油鼓劲。相反，如果听话的人厌倦得哈欠连天，你即使磨破嘴皮也是没有用处的。总而言之，人们的肢体语言是丰富而又微妙的，只有认真细心地观察听话者，我们才能准确了解他们心中的意思，是肯定还是否定，才能及时调整思路，继续选择最合适的态度说下去。

在与多年不见的老友丽丽重逢时，杜鹃几乎毫不迟疑地就拉着她去了最知名的龙虾店。虽然十几年过去了，杜鹃依然记得丽丽的口味——蒜蓉龙虾。杜鹃点了最大份的，“丽丽在国外这么多年，一定久已馋这种味道了吧。”果然，丽丽来不及说话，先大快朵颐，吃得不亦乐乎。酒足饭饱之后，丽丽开始讲述自己在国外这些年的生活，自然是有苦有乐，酸甜苦辣皆有。听了足足半小时，丽丽依然没有停止的意思。杜鹃呢，也急着要说说自己这些年的生活，她想证实给丽丽在国内也很不错。然而，丽丽还是滔滔不绝。因为心中渐渐厌倦，杜鹃情不自禁地用右胳膊支住脑袋，盯着丽丽不停嚅动的嘴唇。

看到杜鹃这个动作后，丽丽的讲述戛然而止，对杜鹃说：“不好意思，亲爱的，我只顾着说自己了，你也说说你吧，这些年过得怎么样？”看到谈兴正浓的丽丽突然间就停止讲述，杜鹃不由得纳闷。她开始讲述自己的生活，丽丽时而点头微笑，时而惊讶地瞪大眼睛，时而握紧拳头似乎想为杜鹃加油，杜鹃不由得感动万分：丽丽倾听的表情是那么认真和投入。就这样，一场愉快的交谈在她们之中展开，等到曲终人散时，真正是宾主尽欢了。

身体语言，往往能够更加准确地表达人的真实内心。因而，在交谈的过程中，为了更加准确地把握他人心理，我们除了需要认真倾听之外，还要做到细心观察。这样，我们在应答他人时，才能更加顺畅通达，能够尽量避免产生误解。

故事中，丽丽很聪明，在看到杜鹃的姿态之后，她马上敏锐地意识到杜鹃心底里的厌烦，因而调整思路，给予杜鹃时间去讲述自己。虽然杜鹃不知道丽丽为什么戛然而止，但是依然很愉快地开始讲述自己这十几年来的发展，如此相互体贴，让她们的交谈无比快乐。

中国文字历来博大精深，很多情况下，人们都会运用意在言外或者正话反说的语言，表达自己内心深处的真实想法。偏偏有些人天生木讷，即使对方的情绪明显，他们依然无法真正理解交谈对象的意思。遇到这种情况，往往会发生误解等现象。因而，我们在交谈时除了要用心理解他人的语言，更要细心观察他人的表情、肢体语言等，这样才能综合作用，更加准确地理解他人的意思，也不至于闹出乌龙来惹得大家都不高兴。

聊天心理学

交谈时，要用心理解他人的语言，更要细心观察他人的表情、肢体等，这样才能综合作用，更加准确地理解他人的意思。

目光坚定的人也可能在撒谎

目光坚定的人有时也可能是在撒谎，只是这些说谎高手的手段比较高明罢了。所以，无论对方表现得如何淡定，都不要被对方那坚定的目光欺骗了。

研究人员曾做过这样一个试验：他们将一群人分成两组，并且面对面坐着，然后让其中一组对另外一组说话，当然，所说的并非事实，每一句都是谎言。研究人员提前在隐秘处安放了摄像头，将整个过程拍了下来。最终结果却令人非常吃惊，几乎70%的撒谎者在说话时都以一种坚定的眼神看着对方。其实，对那些撒谎高手而言，他们已经非常清楚目光游移很可能会泄露自己内心不可告人的秘密。因此，他们就采取了一种反其道而行之的方法，避免对方识破自己的谎言。

美丽在一家外企担任行政总监的职务，能力出众不说，形象气质也很出彩，深得老板的赏识，也很受同事们的欢迎。然而，不久前发生的一次意外事件却让美丽的名誉大大受损。

那天早上，美丽像平时一样走进办公室，让她感到奇怪的是，几乎每位同事都用一种怪异的眼神看着她，并且还时不时地嘀咕几句："真没想到她竟然是这样的人。""怪不得升职那么快，原来是小三。"

听到这种话，美丽感到浑身不自在，她忐忑不安地找到跟她关系非常要好的一位同事罗静，追问对方到底发生了什么，为什么大家都对自己指指点点。罗静想了一下，悄悄地告诉美丽："你还不知道啊？就在你昨天出差时，公关总监在茶水间里跟几个新同事说，老板多发了你一万元奖金。就这样，大家以讹传讹，最终竟然说你跟老板是那种关系。"

美丽一听，顿时火冒三丈，当即冲到公关总监的办公室，非要质问个清楚："是你跟同事说老板给我多发了一万元奖金，还污蔑我是小三？"

公关总监不温不火，目光坚定地看着美丽，一字一句地说："我绝对没有说过这样的话，是谁跟你说是我说的？你不信就把她拉出来对质。”美丽看到公关总监那坚定的眼神，心里暗想：“难道她真的没有说，或许是别人说的？可是，在这件事情上，罗静是不可能会陷害我的。可是，无风不起浪，究竟怎么回事？”美丽怎么也想不明白。

其实，在整件事情上公关总监完全是迫于工作压力才不得已想出这招，若是年底之前她的业绩不能超过美丽，很可能就得把总监的职位乖乖地让给美丽。为了保全自己的利益，她导演了这样一出戏。

我们常说微表情可以反映出一个人的内心世界，虽然一个下意识的表情可能只是短短的一瞬，但是这个微妙的动作却很容易暴露出这个人内心的真实想法。但透过人际交往的一些细节，我们可以发现，一个人所表现出来的微表情，可能和他内心真实的想法并不一致。

当一个人目光坚定地看着你时，他的态度并不一定是诚恳的，他很可能是一个撒谎高手。我们和别人交谈时，多数情况下会盯着对方的眼睛说话，这既是出于礼貌，又表明自己正在认真倾听。不过，我们还要善于从对方的眼睛或是一些微小动作中捕捉信息，鉴别对方所讲内容的真实性。很多时候，虽然言语可以欺骗人，但是肢体语言却永远无法掩盖真相，只要我们仔细观察对方的微反应，就能发现其中的秘密。

聊天心理学

我们还要善于从对方的眼睛或是一些微小动作中捕捉信息，鉴别对方所讲内容的真实性，因为肢体语言永远无法掩盖真相。

LEARN TO COMMUNICATE
WITH THE PUBLIC

第六章

会聊天的人不冷场，
事情才能聊得透

投其所好，打开沉默者的心扉

生活中，不管是和亲人还是和朋友、同事聊天，都会不可避免地陷入尴尬和沉默，为了打破这种气氛，必须找到合适的话题。而这个话题，可以以对方的兴趣作为入手点。比如，和一个穿着时髦的女孩子聊天，可以说说时装；和一个白发苍苍的老先生聊天，可以说说如何保养身体；和一个妈妈聊天，可以说说有关孩子的事情；和一个喜欢运动的男士聊天，可以说说篮球……

最近，李艳的心情很不好，因为她接到老师的电话，说她的儿子——张宇最近上课注意力极其不集中，而且也不遵守课堂纪律，下课的时候更是与其他同学打闹，几乎没有一天不闯祸、不挨批评的。老师实在没办法了，只好把这个“皮球”踢给李艳，让她多多管教张宇。其实，李艳知道张宇为什么变化这么大，这一切都是由父母离婚导致的。原来，李艳的老公——张少鹏在外面与其他女人有染被李艳发现了，李艳一气之下提出了离婚。对两个成年人而言，离婚也许只是深思熟虑之后的一纸手续，但是对孩子而言，却意味着家庭的破碎。因而，张宇很不理解父母为什么要离婚，心态渐渐产生了变化。李艳原本想向张少鹏求助，让他多与孩子接触，带孩子出去玩，但是一想到这个问题并非一朝一夕能够解决的，作为孩子监护人的李艳最终还是决定自己解决问题。

一个周末，李艳准备与张宇好好谈谈，不想，张宇根本不配合，始终低着脑袋，一声不吭。看到张宇的样子，李艳觉得很难受，怎样才能打开孩子的心扉呢？李艳一筹莫展。一个偶然的机会，李艳得知张宇最崇拜的歌星——周杰伦要来开演唱会，因而高兴地问他："你喜欢周杰伦吗？我有个好消息想告诉你。"张宇点点头，说："喜欢。要是我也能有一根双节棍，就好了。"

李艳以兴高采烈的口吻说："要是妈妈送你一根双节棍，而且带你一起去看周杰伦演唱《双节棍》，你觉得如何？"张宇的眼睛瞬间亮了起来，但是马上又暗淡了，他说："周杰伦演唱会的门票很贵的。"李艳慷慨地说："没关系，妈妈买得起。就这样决定吧，你挑选一根双节棍，妈妈帮你买单。另外，妈妈再请你去现场听周杰伦的演唱会。"

张宇一蹦三尺高，李艳趁热打铁说："你能告诉妈妈，你为什么喜欢周杰伦吗？"张宇笑着说："周杰伦长得很帅，而且他特别有才华，自己作词、作曲，简直太厉害了。"李艳又问："那你知道周杰伦的故事吗？"张宇摇摇头。李艳说："周杰伦小时候学习成绩并不好，还经常不及格呢！但是他在音乐方面很有天赋，而且他始终坚持自己的音乐梦想，最终才能够成功。妈妈也从未要求你一定要在学习方面非常优秀，只是妈妈希望你也像周杰伦一样，找到自己人生的梦想，好吗？或者你只需要坚定不移地做你感兴趣的事情，妈妈就会毫无条件地支持你，就像当时周杰伦的妈妈支持他学习音乐一样。你觉得怎么样？"张宇这才小声地说："我喜欢打篮球。"李艳欣喜地喊道："那当然好啊！男孩子打篮球的样子最迷人了。你大概不知道吧，周杰伦在高中的时候弹钢琴和打篮球的样子迷倒了很多女孩呢！希望我的儿子也能这么与众不同。""你真的支持我打篮球？"张宇迟疑地问。李艳坚定地点点头，说："我会给你报名参加专业训练班。不过呢，你要是想在篮球这条道路上走得很远，甚至考进体育大学，你还是要尽力让文化课及格啊！这样，你才能在梦想的道路上越走越远。”经过这番长谈，张宇知道妈妈是支持自己打篮球的，觉得很高兴。出于对篮球的热爱，他努力地学习文化课，不再是那个处处调皮捣蛋的大男孩了。当然，他也因为妈妈的支持，而与妈妈结成了同盟军，每当有了烦心事或者高兴的事，他都会主动地告诉妈妈呢！

因为来自学习的压力，或者家庭环境的影响，很多青少年慢慢地不再对父母敞开心扉，把自己封闭起来，变成一个沉默的“孤独者”。而家长又急于想知道孩子的情况和表现，想让孩子把自己当成可信任的倾听者。这时候，从孩子的兴趣爱好着手，循序渐进地和孩子慢慢聊，也许能打开孩子的心扉。

任何人感兴趣的东西，以及人与人之间的关系，从来不是一成不变的。要想与每个不同的个体交好，我们就必须因人而异、因时而异，最大限度地投其所好，成功地与他人交流。同时需要注意的是，最好不要在公共场合，提及对方的私人话题。

聊天心理学

要想与每个不同的个体交好，我们就必须因人而异、因时而异，最大限度地投其所好，成功地与他人交流。

多角度攻击，打破僵局

发生类似争吵的不愉快之后，有的人试图通过交谈消除隔阂，重归于好，但又往往由于话不投机，致使双方越谈越僵，只好不欢而散。与有隔阂者谈话时怎样才能打破僵局呢？

1. 抓住时机，有选择地说话

所谓时机，是指双方都能谈得开、说得拢的时候。打铁要看火候，我们找与自己有隔阂者谈话也得选准时机。时机把握不好，谈早了对方气没消，双方很难谈到一块；谈迟了对方会加深误解，增加谈话的难度。那么，什么时候与对方谈才算抓住了时机呢？

（1）在对方情绪高涨时说。人的情绪有高潮期，也有低潮期。当人的情绪处于低潮期时，人的思维就呈现出封闭状态，心理状态具有逆反性。这时，即使是最好的朋友赞颂他，他也会不予理睬；而当人的情绪高涨时，其思维和心理状态与处于低潮正好相反，此时，他比以往任何时候都显得宽宏大量，能原谅别人一般性的过错，也不过于计较对方的言辞；同时，待人也比较温和、谦虚，能不同程度地听进对方的一些意见。因此，当与己不和者情绪高涨时，正是我们与其谈话的好机会，切莫坐失良机。

（2）在对方喜事临门时说。所谓喜事临门时，是指当令人高兴、愉快、振奋的事情降临于对方时，如对方在科研上攻克难关，取得重大成果时；工作中成绩突出，受到奖励时；经济上得到收益时；找到称心伴侣、婚嫁或远方的亲友来探望时；等等。常言道：“人逢喜事精神爽”“精神愉快好办事”。在喜事降临对方时，我们上门找其交谈，对方会不计前嫌，也就乐意接受或欢迎你的到来。可见，与己不和者的喜事临门，为我们消除彼此之间的僵局提供了强劲的东风。

（3）在对方有和解愿望时说。绝大多数人都具有“羞恶之心”。这种“羞恶之心”体现在与他人发生无原则的纠纷之后，会对自己的行为进行自觉的反省。通过反省察觉到自己的过错时，一种求和的愿望就会油然而生，并会主动向对方发出一系列试探性的和解信号。这时只要我们能不失时机友好地找对方合谈，僵局就会被打破，双方的关系也会重新“热”起来。因此，我们要善于捕捉对方发出的求和信息。例如，对方主动和我们接近、打招呼，由过去的满脸阴云到“转晴”，或者暗中帮助我们排忧解难，等等。这时，我们就应该及时以更高的姿态、更炽热的感情找其交谈。我们切不可视而不见，见而不说，说而不诚；否则，对方一旦认为求和试探失败，和解的愿望就会顿消，误解将会转化为敌意，将会出现严重对抗的局面。

（4）在第三者有效调解后说。第三者有效的调解，能驱散对方的迷雾，唤起对方的觉悟，促使对方产生求和心理。这等于给双方架起了一座感情的桥梁。此时，只要我们勇敢地走过“桥”去，心平气和地与其促膝谈心，种种误会就能排除，求和心理也将变成和解的现实。

2. 适应特点，有针对性地说

由于人们的年龄、所受的教育程度和所处的工作、生活环境等情况不同，因而呈现出各种不同的特点。这就决定了我们与不和者的交谈不仅要善于抓住时机，做到有选择地说，而且还要适应对方的特点，做到有针对性地说。具体说要做到以下几方面。

（1）针对不同的年龄，选择不同的开场白。老年人最关心身体状况，最希望得到晚辈的尊重。因此，与已不和者如果是位年过半百的长辈，见面后的第一句话应该带有强烈的道歉之意。中年人最重视的是自己事业上的成就。与已不和者如果是属于中年人，见面后首先说的话应该带有对其事业的支持、肯定和赞许之意。与已不和者如果是位血气方刚的年轻人，见面后就应从适应其好学、敢想、爱玩、求信任等特点说起。适应对方的心理特征，满足对方某一方面的需要，在一般情况下，与已不和者也会友好相待，从而消除笼罩在双方之间的紧张空气，使谈话得以深入进行。

（2）针对不同的兴趣，从不同的角度说。兴趣是人对于客观事物所报的积极的意识倾向，是人的个性中一种带有倾向性的特征，它与人的情感联系密切。当人们对某种事物感兴趣时，总感到称心如意，伴随着愉快情感。因此，从与已不和者感兴趣的事情说起，不仅能消除他们的敌意，而且能实现情感交流，出现“酒逢知己千杯少”的局面。当然，兴趣爱好是指积极良好的兴趣爱好，而对那些不良的兴趣爱好，我们绝不能去迎合。

（3）针对不同的气质，从不同的侧面说。人的气质可以分为胆汁质、多血质、黏液质、抑郁质四种类型。这四种气质类型的人，在语言上呈现出各自不同的特点。胆汁质型的人，喜欢直言快语，厌恶啰唆重复，但他们“火气旺”、脾气大，易与人顶嘴、吵架。我们与他们谈话时，就应该运用谦和的语气，从启发、自责的方面去说。多血质型的人，能言善辩，说话比较圆滑，当话不投机时，会运用语言工具与对方争论，但过后不久，不快的情绪就会烟消云散。我们与这种气质类型的人谈话，宜单刀直入，开诚布公，以有力的事实和道理进行规劝和说服。黏液质型的人，言辞稳重，语态镇静，不易动气，但比较固执，难以听进不同的意见，当对方话题中涉及自己的问题时，会反复解释。抑郁质型的人，言语温和，语调低沉轻细，但爱计较对方说话的态度，重视对方语言中的用词和语气，如果稍有不慎，就容易使对方产生疑心和忧愁。与己不和者如属于后两种气质类型，与其谈话时，就要运用“迂回战术”，多用婉转、暗示、商讨地说。

聊天心理学

与不和者的交谈不仅要善于抓住时机，做到有选择地说，而且还要适应对方的特点，做到有针对性地说。

转移谈话方向，解决交流冷场

交流中最尴尬的局面莫过于双方无话可说。无话可说有时候是因为一方对另一方说的话题根本不感兴趣，有时候是因为我们说的意思和对方的理解有偏差，有时候是因为我们缺乏在某些特殊情景下的沟通技巧，有时候也会因为你的说话触及了别人的“雷区”，而造成别人的不愉快，导致交谈无法继续下去。无论是哪一种情况，都可能会让你焦虑。良好的沟通需要双方在适当的时候分别扮演起发送信息者和接收信息者的角色，就像跳探戈时需要两个人完美地配合。

雁翎曾经有过一次痛苦的爱情经历，她对那位男朋友爱得如醉如痴，可是，对方却脚踏几条船，最终抛弃她跟别的女孩子浪漫去了。

一次，雁翎与第二位男朋友肖遥约会时，肖遥问她："你对爱情中的普遍撒网，重点逮鱼，怎么看？"没想到他话一出口，雁翎不但没答理他，脸色还变得很难看。肖遥知道他误入情人的"雷区"，赶紧补充道："啊，请别误会，我是说，我有一个讽刺对爱情不忠的故事献给你，故事是说有一个对太太不忠的男人，经常趁太太不在家把情妇带回家过夜，但又时常担心太太会发觉。所以，有一天晚上，他突然从梦中惊醒，慌忙推着身边的太太说：'快起来走吧，我太太回来了。'等他太太也从梦中惊醒时，他一下子傻眼了。"还没等肖遥话音落下，雁翎已被他的幽默故事给逗得喜笑颜开。

许多场合中，由于个人的性格腼腆，或者彼此之间不够了解，而无法拥有共同的话题，使交往中出现了"冷场"的情形。在这里肖遥运用故事的形式首先转移了他俩谈话的方向，然后用幽默的感染力，淡化了他因说话不慎而给雁翎带来的不快情绪，从而巧妙地把可能出现的"冷场"给过渡过来，赢得了心上人的开心一笑。

"一个巴掌拍不响"，交流中一旦出现冷场的局面，也需要两个人共同配合才能打破僵局。交流是两个人的事情，所以你不能指望对方为交流负起全部责任。因此，当出现冷场或者尴尬的时候，要沉着，寻找双方的共同话题，不能一味地等着对方来解决这种尴尬的局面。

聊天心理学

良好的沟通需要双方在适当的时候分别扮演起发送信息者和接收信息者的角色，就像跳探戈时需要两个人完美的配合。

事先备好话题，以备不时之需

冷场的出现，往往与“话题”有关。“曲高和寡”会导致冷场；“淡而无味”同样会引起冷场。

谈话者之间存在以下几种情况时，最容易因“话不投机”而出现冷场：

(1)彼此不大相识。

(2)年龄、职业、身份、地位差异大。

(3)心境差异大。

(4)兴趣、爱好差异大。

(5)性格、素质差异大。

(6)平时意见不合、感情不和。

(7)互相之间有利害冲突。

(8)异性相处，尤其单独相处时。

(9)因长期不交往而比较疏远。

(10)均为性格内向者。

会话出现冷场，双方都会感到尴尬。但只要会话者掌握住了破“冰”之术，及时根据情境设置话题，冷场是很容易被打破的。

1. 要学会拓展话题的领域

开始第一句话要注意的是使人人都能了解，人人都能发表看法，由此再探出对方的兴趣和爱好，拓展谈话的领域。如果指着一件雕刻说："真像某某的作品！"或是听见鸟唱就说："很有门德尔松音乐的风格。"除非知道对方是内行，否则不仅不能讨好，而且会在背后挨骂的。

如果不知道对方的职业，就不可胡乱问他。因为社会上免不了有人会失业，问他的职业无异于迫他自认失业，这对自尊心很重的人来说是不太好的。如果你想开拓谈话的领域而希望知道他的职业，只能用试探他的方法："先生常常去游泳吗？"如果他说："不。"你就可以问他是否很忙，"每天上哪儿消遣最多呢？"接下去探出他是否有固定工作。如果他回答"是"，你便可加上一句问他平时什么时候去游泳，从而判断他有无职业。如果他说是星期天或每天下午五时以后去，那无疑是有固定工作。

确定了别人有工作，才可问他的职业，这样就可以谈他的工作范围内的事情。如果不知对方有没有职业，或确知对方为失业者，那么还是谈别的话题为佳。

2. 巧妙析姓辨名

在气氛不活跃时，可以针对一些人的姓名进行别致的解释，其效果往往会出人意料，从而活跃气氛。在这方面伟大领袖毛泽东同志就很有造诣。

客人初次见面，往往要介绍姓名。毛泽东擅长抓住这一机会，运用他渊博的知识，把客人的姓名做有趣的解析，使交谈一开始就消除了对方的紧张情绪，显得亲切随和。普通干部、群众与这位中国最高领袖间的鸿沟顷刻填平，交谈气氛就更为活跃。

1957 年 9 月，毛泽东到上海，邀见新民晚报社社长赵超构（林放）。赵正因当时的政治气氛而惶惶不安。谁知毛泽东一见赵，就对旁人说："宋高宗的哥哥来了！"他由赵的名字"赵超构"，机敏地联想到高宗的名字"赵构"。前者既是"赵超构"，那不就可称作宋高宗的哥哥吗？此话出乎人们意料之外，听者初时为之一愣，细想又能自圆其说，别有一番诙谐之趣，会场里顿时爆发出热烈的笑声。赵超构的思想负担立刻解除了。毛泽东联系历史人物的姓名，对赵超构的名字做"歪解"，让人经过思考后发出了会心的微笑。

20 世纪 70 年代，唐由之初任毛泽东的保健医生，首次见面时，心情很紧张。谁知毛泽东望着唐，反复念着他的名字："由之，由之……"并问："你的名字是出自《论语》'民可使由之，不可使知之'吧？"又说："你不要按孔夫子的'由之'去做，而是按鲁迅的'由之'去做。"随即又抑扬顿挫地哼起了鲁迅的诗句："岂有豪情似旧时，花开花落两由之……"毛泽东出语成趣，使唐大夫欢笑出声，开始了融洽的交谈。

这里，毛泽东"析姓辨名"的方法与上面不同，采取了解析名字出处，并随机发挥的方法，但效果是一样的。

3. 风趣接话题转话题

在谈话中善于抓住对方的话题，机智巧接答，可以使我们谈话变得风趣，从而使谈话活跃起来。有一个典型的例子：当我们夸奖对方取得的成绩时，总能听到这样的回答——"一般情况"。倘若我们不接着话茬说下去，就有点赞同对方的"一般情况"说法的意思，达不到接话说的目的。可以这样回答："'一班'情况尚且如此，那'二班'情况就可想而知了。"言外之意是说："你一班的情况才如此的话，我二班的情况就更不值得一提了。"这类搭茬儿，一般是采用谐音、双关的手法，接住对方的话茬，做风趣的转答。

巧妙地接答对方的话茬，可以把原来的话题引向另一个话题，使谈话转变一个角度继续进行下去。

刘某是公司负责某一地区的销售业务员。公司为了加强和客户之间的联系，特举办了一年一度的"工商联谊会"。公司安排刘某在会议期间陪同他的客户顾某。他们路过一家商场，谈起了商场销售情况。末了，顾某深有感触地说："现在，市场竞争够激烈的。"刘某接过他的话茬儿说："就是。在你们单位工作的业务员也不少吧？"就这样刘某既把话题延伸下去，同时又把话题朝向有利于自己的方向发展。

4. 适时地提一些引导性的话题

提出引导性话题，可以给他人留下谈话时间和空间，特别是对于那些不善于当众讲话的人。这些话题可以根据对方的性格特点、兴趣爱好、职业性质等方面来设置。比如，"近来工作顺利吧""听说你最近有件高兴的事，是什么呢""前一阵我见到你的孩子，学习怎么样"。先用这些听起来使对方温暖的话寒暄一下，便于开展谈话。对于那些在公司上班的人，可以探问对其公司的日常规则的看法，如"你们公司每周都要举行升旗仪式，之后还要做早操，召开例会，你怎么看待？"引导性话题应该注重可谈性和可公开性。对学文的不宜谈深奥的理科的问题，反之亦然。不宜在公开场合触及个人隐私，或者是背后议论他人等。如果引导性话题过于敏感，或者越出了对方的兴趣爱好，或者过于深奥，超出了对方的知识结构等原因，对方也许不愿说，也许真的无话可说。提出这类话题，目的是让对方开口讲话，不能让对方讲，还有什么意义呢？

在提一些引导性话题的时候，也要注意方法和策略，不要让对方感到难以回答和附和而已。比如，“你是不是也觉得你们现在的厂长很能干？”人家要说赞同的话，他自己的确也有保留意见；要说不赞同，而你已经认可了，他总不至于在你的面前进行反对吧，何况是说别人的坏话呢？这样的话题，处理得不好，会让自己失去谈话的亲和力，适得其反。再者也不要问些大而空的问题，让人不知从何说起，最好具体点。

此外，在打破冷场时说话还应该注意下面的内容。

（1）如果是由于自己太清高、架子大，使人敬而远之，而造成双方的沉默，在交谈中应该主动、客气及随和一些。

（2）如果是由于自己太自负，盛气凌人，使对方反感，而造成了沉默，则要注意谦虚，多想想自己的短处，适当褒扬对方的长处。

（3）如果是由于自己口若悬河，讲起话来漫无边际、无休无止，而导致了对方的沉默，则要注意自己讲话适可而止，给对方说话的机会，不要让人觉得你是在做单方面的“传教”。

（4）有时装作不懂事的样子，往往可以听取他人更多的意见，这根源于人们的自炫心理。反之，你表现得太聪明，人家即使要讲，也有顾虑，怕比不上你。如果我们用“请教”的语气说话，引起对方的优越感，就会引出滔滔话语。一般人的心理总是喜欢教人，而不喜欢受教于人。

在日常生活和社会交往中，尤其是在比较正式的场合，如聚会、议事等常会出现冷场现象，彼此都尴尬。冷场，在人际关系中，它无疑是一种“冰块”。不希望出现冷场的交谈者，应当事先做些准备，使自己有一点“库存话题”，以备不时之需。

聊天心理学

不希望出现冷场的交谈者，应当事先做些准备，使自己有一点“库存话题”，以备不时之需。

风趣谈吐，钝化矛盾

有人说：笑是两人之间最短的距离。会心一笑，可以拆除心与心之间的戒备；超然一笑，可以化解人与人之间的隔膜；开怀一笑，可以放松我们的身心——这是幽默谈吐在人际交往中的巨大作用。

不可否认，有幽默感的人在人际关系中总是很成功。幽默所包含的特性是逗人快乐，所包含的能力是感受和表现有趣的人和事，制造愉悦的气氛。就个人来说，懂得幽默的人往往比不懂得幽默的人更具吸引力和凝聚力。人们在生活中需要与人交往，在这时幽默就是心灵与心灵之间快乐的天使，拥有幽默就拥有爱和友谊，凡具有幽默感的人，所到之处，皆是一片欢乐融洽的气氛。

陈伟是一家园林公司的项目经理，在一次重要的酒会上，他所宴请的客户方的小江（刚参加工作不久）在敬酒时不小心洒了一些啤酒在陈伟的头上。

项目经理望着紧张不安的小江，用手轻轻拍了拍对方的肩膀，说："小兄弟，用啤酒治疗谢顶的方子我实验过多次了，实际上并没有书上说的那么有效，不过我还是要谢谢你的提醒啊。"

全场顿时爆发出笑声。陈伟不失风度，以其风趣的谈吐使客户紧绷的心弦松弛了下来的，最终赢得了客户的赞许，完成了既定的目标。

用幽默来愉悦身心，使自己精神超脱尘世的种种烦恼；用幽默来增加活力，使生活多一点情趣；用幽默来散播快乐，给人以欢笑、友爱与宽容。

交际中有些人总能找话题，海阔天空，和这样的人在一起，我们不用担心无话可说的尴尬局面。尤其是谈吐自如，幽默风趣，语言诙谐，行为或出人意料或搞笑不合常理的人，妙语连连，令我们笑意横生，和这样的人在一起，我们不会觉得孤单，而会很快乐！

一次，吃完晚饭后，一对新婚夫妻依偎在一起闲聊。

妻子："今年春季，不知会流行些什么款式的服装呢？"

丈夫："宝贝儿，与之前一样，款式只有两种：一种是你不满意的，另一种是我买不起的。"

夫妻长年厮守，很难不发生牙齿与舌头打仗的事，与其哀叹抱怨，不如捷足先登，急中生智来点儿笑料，平衡心理，让生活更添温馨，也展现了自己宽宏大量的风采。

用幽默化解尴尬的方式有很多，如巧用同音字，或者是以子之矛攻子之盾，还可以将错就错。其中，将错就错的办法就让人敬佩，不但能够即时化解尴尬，还能让在场人的忍俊不禁。在欢笑之余，他们一定会更加欣赏当事人。

在疾驰的公交车上，司机因为道路前方突然冲出一条小狗，因而下意识地一脚急刹车，导致车辆猛然减速，一位男士猝不及防，突然身体后仰，撞在一位女士的身上。当时正值炎热的夏季，很多居心叵测的男性在拥挤的公交车上揩油，因而这位女士当即破口大骂："什么臭德行！"在众目睽睽之下，男士满脸通红，满怀歉意地说："抱歉，女士，这不是德行，是惯性！"满车厢的人都发出善意的笑声，包括那位女士在内。

从心理学角度剖析，幽默是一种绝妙的防御机制。这个机制，不仅可以使当事人从尴尬中解脱，化烦恼为欢畅，变痛苦为愉快，而且还可以化干戈为玉帛，使当事人平息激动，回归理智，使彼此在新的基础上重拾默契，增进感情。

有一个贵族想邀请一位著名的小提琴手到他家去演出，但他又不想出钱，于是给这位小提琴手写了一封邀请函："亲爱的小提琴手，请明天上午 10 点钟，一定到我家来喝咖啡，注意，请你千万不要忘了带上你那把心爱的小提琴。"

小提琴手看完邀请函后，立即回函道："谢谢你的邀请，我一定去喝咖啡，但是我的小提琴就不去了，因为，它从来不喝咖啡。"

上面故事中的小提琴手本是拒绝对方的邀请，但顾及对方颜面，便不明说，故意用荒诞的引申"小提琴不喝咖啡"来表明态度，既十分机智，又幽默无限，展现了小提琴手的高雅情怀。

在社交生活中，难免会遇到心怀敌意的人，对待他们的恶意攻击或挑衅，若直接回击，则可能导致事态恶化。其实，对付他人敌意的最有效武器是幽默，在敌意面前的幽默，不仅能钝化攻击，而且能更加显示自己的风度。

面对不讲理的人，要控制自己的情绪。以“骤然临之而不惊，无故加之而不怒”的大丈夫的涵养与气量，在气质上镇住对方。然后再冷静考虑对策，从中选出既幽默又有反击力度的最佳方案，找准打击点，在谈笑中让对手吃个哑巴亏，有口说不出。

幽默是化解攻击的“乾坤大挪移”，它钝化了攻击的锋芒，营造了和谐的气氛，缓和了紧张的关系，给自己的人际交往带来了莫大的好处。幽默是需要有高度的涵养、博大的胸襟和机敏的思维的。只有这样，才能把剑拔弩张的气氛消于无形，而转化成幽默的笑声。下面是用幽默进行反击的方法。

1. 夸张到荒诞的程度

不管对方的言行有多么荒谬，用不着针锋相对地和他争辩，只要把他的言行进行无限度的夸张，使其中的荒谬色彩更加浓厚，连他也无法争辩，他的言行就不攻自破了，他就会认识到自己的错误，而对抗的局面也不会出现。

2. 答非所问，向另一个方向引申

有时候，答非所问的方法能有效地改变当时的气氛，使人际关系得以和谐。转移攻击的锋芒，是在我们面临对抗的严峻处境时所进行的最佳选择。这样一来，幽默的情趣出现了，欢乐的气氛就又来到了我们身边。

在人际交往中，当矛盾发生时，对于那些缺少幽默感的人，会把事情弄得越来越糟；而幽默者则能使交际变得更顺利、更自然。幽默是一种优美、健康品质的体现，一个幽默过人的人，往往在悲苦时会显得轻松，欢乐时会显得含蓄；危险时而显得镇静，讽刺时不失礼，孤独时不绝望。

聊天心理学

对付他人敌意的最有效武器是幽默，在敌意面前的幽默，不仅能钝化攻击，而且能更加显示自己的风度。

面对疑问和误解如何解释

在现实的语言交际中，解释是为了达到某一交际目的。为了达到目的，人们往往使用几种交际行为的互相配合。解释也常常和其他多种行为交织在一起。

对别人的疑问进行解释是常见的沟通手段。它在交际中不是初始，也不是反应，而是第三步行为，是对对方反应的反应。比如，你做了一件什么事或说了一句话，对方对你的语言行为产生疑问，这时就可以对此做出解释。

解释的语言内容是对自己先前言行的阐述或改正，而形式却是对对方的反应。解释有以下几点作用。

（1）交际中，人们常常会先说出一句违背情理的话，让对方提出疑问后，再进行解释，使双方的对话富有趣味。

（2）在自己犯有某种过错时，常常会进行解释。这种解释大多是撇开自己先前某种言语的结果不谈，而只解释当初的动机，以说明动机是好的，或是无意伤害的，只不过是结果不好，超乎自己的预料。

（3）解释还有答复的作用。当对方对你提到的某种观念、观点疑惑不解时，需要解释；以及对方对你言语行为的含义或动机不甚明了时，也需要解释。

（4）当对方对你的某一行为、语言产生误解时，常常会解释一番以说明真相、消除误会。这时主要不是解释言语本身，而是就自己行为、语言的动机而做解释。

既然，解释的作用这么大，那么，该如何向对方做出解释呢？

（1）解释切忌重复，除非是应对方要求。有些人进行解释时怕对方没听懂，于是就再三重复，其实这很令人生厌。我们常常在道歉时不断地重复申明自己不是故意的，并认为只有这样才能表示自己的歉意，其实这种做法很难奏效。

（2）解释时要注意把握语气；解释时自信心要特别强。只有你具备自信，对方才会相信你有解疑释难的能力，才会相信你能够澄清真相；否则，解释就无法进行。

（3）要让自己的解释具有信服力，要做到三点：首先，吐字要清晰干脆，不能含糊、吞吐；其次，条理要清楚，不能随口道来；最后，尽量少用模棱两可的词语，否则对方就会认为你不懂装懂，是在有意欺骗。

（4）解释还应诚恳。在说明真相、赔礼道歉、消除误解时一定要诚恳备至、态度谦恭。如果言语随便、语气轻浮，那么只会使对方误解加深，使事情更加烦乱。

解释在人际交往中十分普遍，对人际关系与交往有很大的功用，解释既有可能取得理想的效果，也有可能产生不良的影响。应该解释时就解释，不该解释时不要乱解释。例如，别人向你提出某个要求，你不想应允，但真实理由又不好明说时，你千万不要找借口来解释，因为任何假设出来的解释只会遭到对方的反感。

聊天心理学

对别人的疑问进行解释是常见的沟通手段，对人际关系与交往有很大的功用，既有可能取得理想的效果，也有可能产生不良的影响，应该解释时就解释，不该解释时不要乱解释。

说话对象决定说话方式

每一个人在社会中都扮演一些不同的角色，而不同的角色使人在心理上、在意识上等方面都有一些不同的特点，而由此又决定了人们对于语言表达的内容、方式的选择和接受的某些取向不同。

正因为如此，同一个意思，不同的人可能就会采取不同的表达方式，而我们这里尤其强调的是同样一句话，不同的人听来，会有不同的甚至是截然相反的反应。这样，说话要看对象了，如果忽略了或无视这一要求，就必然会给交际带来不好的影响，甚至还会使交际无法正常进行。

人与人之间的差别是多方面的，就口语表达和接受而言，最大的现实差别主要有以下几方面，而口语交际中的“不看对象”，也主要表现为对以下一些方面的“不注意”。

1. 不注意年龄差异

我们经常可以发现，小孩之间的吵架常常是由于互相诋毁导致的。

“阿军，你为什么又跟小亮打架呢？”妈妈问道。

“谁叫他骂我是个秃子！”阿军愤愤地说。

"你长得真像个包子！"一个小男孩对旁边的女孩说。

女孩马上反驳道："你以为你长得美呀，哼，芦柴棒一根！"

年龄的不同，会导致听话者对话题反感的程度不同。像小孩，你就不能指责；而对于老人，最忌讳提及"死"字。例如，几位年轻人去看望一位退休多年的老师傅——

"您老身体真硬朗，今年高寿？"

"79，快80了。"

"好呵，人生七十古来稀，厂里数您最长寿吧？"

"哪里，老宋才是冠军，他活了85岁。可是年岁不饶人，他前不久去世了啃。"

"这回该轮到您了。"

老师傅一听这话，脸色陡然变了。

不要把听话者一视同仁，你不仅要考虑他的性别，还要考虑他的年龄。

2. 不注意语言差异

世界上有许多种语言，受各方面因素的限制，大部分人只能掌握和运用本国或本民族的语言。即使是本国或本民族语言，还存在着方言不同的问题。如汉语，使用它的人遍布全国各地，但每个地区都有自己的方言，这给口语交际带来了极大不便。同样的话在不同的地区可能会有不同的意思，所以说，交谈时要注意对象在语言上的差异。

有些人不注意这一点，在不同地域的人面前也用方言，结果闹出笑话，有时候甚至会产生不良后果。有这样一个笑话：

说是有个广州人在北京排队买东西，他对站在最后的一位女青年说：“同志，你最美（尾）吧？”中国女子不像某些西方女子那样喜欢人家公开夸她漂亮，特别不喜欢素不相识的异性同她搭讪或夸她漂亮，结果，那个女青年白了他一眼。

那个广州男子见她不出声，就顺口又说一句：“我爱（挨）你站着！”这一下可把那个女青年惹火了，劈头盖脸就骂：“你这个人咋的，想耍流氓吗？大白天的，我又不认识你，什么‘美’呀！‘爱’呀！想到派出所去是不是……”那个广州人挨了一顿骂，有口说不清。

后来，一位到过广州的女同志才给那个女青年解释清楚了。原来那个广州人说的是：“同志，你排的是最后一个吧？”他把“最后”说成“最尾”，“尾”字和“美”字，广州人用普通话表达不容易分得清；同样“挨”和“爱”字也容易混淆。

我们国家疆土辽阔，文字同而言语异，南人不习北语，北人不懂南话，这不仅影响了社会交际，而且每每闹些误会，令人啼笑皆非。

上述故事正反映了这种现实。可见，进行口语交际时，如果不注意交际对象在语言上的差异是会妨碍交际的。

3. 不注意文化层次差异

一位大学毕业生分到一家厂子工作，起初感觉不错，但没过几个月，发现车间主任对他越来越冷淡了，他很迷惑。后经一位好心师傅指点他才恍然大悟，原来他在学校待惯了，说话爱用些术语，像什么“最优化方案”“程序化”“目标管理”等，而车间主任只上过技校，最烦别人在他面前咬文嚼字、卖弄学识。

到什么山上唱什么歌，当你与不同层次的听话者说话时，你就必须用他所具有的文化水平说话。一般来说，文化层次越高的人越喜欢用一些典雅的言辞。

4. 不注意风俗习惯的差异

由于人们所处的地域不同，所以形成了不同的风俗习惯。不同的交谈对象可能会有不同的风俗习惯。如果不注意交谈对象的风俗习惯，也可能会造成失误，影响交际。

不久前，一位美国生意人来到一家公司洽谈生意。美国客商刚走下小车、公司经理迎了上去，一句生硬的英语脱口而出："You had breakfast yet（您吃过早饭了吗）？"

经理这一问可把美国客商问蒙了，他看了看周围的人，又拿出表看时间，很是莫名其妙。他问身边陪同的翻译人员："这家公司的先生没有邀请我吃饭呀！现在都10点了，还没吃早饭吗？"这位翻译员突然省悟过来，连忙解释，才避免了一场误会。

原来，在西方国家，如果你问对方吃过饭没有，他们会以为你想邀请对方就餐或吃点儿东西。假如对方回答"还没有吃过"，你又不发出邀请，对方则会认为你在耍弄他们。前面经理的"您吃过早饭了吗"本来是一句典型的中国客套话，可是外商理解不了，险些造成误会。

此例告诉我们，说话要注意区分对象，注意交际中的习俗，即使客套话也不例外。

5. 不注意心理因素

人们由于性别、年龄、经历等方面不同，造成人与人之间的心理差异。例如，有人性格开朗，有人性格内向；有人是多血质，有人是抑郁质；有人爱好玩乐，有人爱好学习……这些都表现出人与人之间的心理差异。交谈时如果不注意这一点，也容易出问题。

切忌“哪壶不开提哪壶”。这是一句老话，指的是在交际中，一方提到了对方最不想提的话题。而在日常的口语交际中，这样的人确实有不少。

某学校分配住房，一位青年教师“谎报军情”，本来没有登记结婚，填表时却写上已登记，结果取得了分房排队的资格。到分房子的时候，排在他后边的人揭穿了他，使得他当场被宣布取消了分房资格。

当天，这件事情就传开了，很多人都知道了。这天晚上，这位青年教师的一位同事遇到他，关切地问了一句：“听说你这次分房遇到了点儿麻烦？”

要说这句问话也够得上“委婉”了，因为并没有直接说出“作弊”之类的话，而只是说“麻烦”。可无论如何，这样的问话毫无疑问是有害而无利的，只能使对方陷入尴尬甚至痛苦的境地，并由此而不悦、上火、生气。

因此，哪壶不开提哪壶是极不明智的，尽管你的出发点可能并不坏，但是绝对不会有好的效果。像遇到上边那种情况，比较合适的做法是说点儿别的什么，甚至于什么也别说点个头、打个招呼也就可以了。

跟得意人谈你的失意事，他至多做表面功夫，绝不会表示真实的同情，有时也许会引起误会，以为你是请求帮助，他会预先防备，使你无法久谈。所以要诉苦应向“同病”的人去诉苦，同病自会相怜，可得到精神上的安慰，可以稍解胸中不平之气。你要谈得意事，应该向得意的人去谈，你捧他，志同道合。若你涵养功夫不够，稍有得意事便要逢人告诉、自鸣得意，结果让人骂你小人得志、笑你沾沾自喜，也许无意中引起别人的妒忌。

另外，偶有不如意事，你觉得抑郁牢骚，有如骨鲠在喉，总想一吐为快，最好的办法是：得意事要放在肚里，失意事也要放在肚里，不要随便对人乱说。

讲话的目的是为了让别人听，要使人家能听懂、听清、听进去，你就应该注意说话的对象。看准对象，首先，要确定，这个人是愿意和你说话的人吗？如果不是，还是不说话为妙。其次，要确定，这个时候，是你说话的时候吗？如果不是时候，还是沉默的好；最后，要确定，这句话是适合对这个人说的吗？如果不是，最好另找话题。

聊天心理学

说话要看对象，如果忽略了或无视这一要求，就必然会给交际带来不好的影响，甚至还会使交际无法正常进行。

细心观察对方的情绪反应

著名书画大师唐伯虎，十分看不起住在他家对门的一户人家，因为那家人并不是世代书香门第，只是在半途上发迹的。这户人家有一位母亲和五个儿子。有一天，这五个儿子为母亲庆贺生日，亲朋好友聚集，热闹非凡，只因不是书香人家，在这祝福之中，少有文墨的点缀，未免美中不足。

这时候，大家想起了对门的唐伯虎是一位人才，如果能够有他在这里书赠一些礼品，那一定增光。正在这家人祈求的时候，唐伯虎居然真的备了一些薄礼，前来祝寿。这户人家的主人，自然是十分高兴，就连许多亲朋好友也十分高兴。

席间，大家请他题诗，唐伯虎毫不推辞，立即拿起笔来，第一句是“对门老妪不是人”，第二句尚未写下，主人亲朋个个都怒目而视，因为今天祝福生日，大家应该高兴说吉利话才对。现在，唐伯虎的题诗，竟骂起人来，这怎么不叫人愤怒呢？因为他是有名望的才子，所以大家只是怒目而视，不敢以非礼对待他。唐伯虎这时感觉到大家的怒火立刻要爆炸了，因此，他又写道：“天上神仙来下凡”，这么一来，把大家的情绪缓和了下来。大家都觉得这真是一位才子，用看似骂人的口吻，写出了一首极好的祝福诗。

这家人哪里知道，唐伯虎并不是真心来祝贺他所看不起的老妪的寿，他是要来骂一下那位寿婆，这才是他的真心。可是，他看了周围环境，知道骂了人不会有好处，所以虽然脱口骂了出来，但还是立刻改变了口吻，使已经骂出的话成为不是骂人的话，这灵敏机智的变更，便是顾虑别人的反应了。

说话所引起的反应，可能有几种，第一种是有隽永之味，第二种是有甜蜜之味，第三种是有辛辣之味，第四种是有爽脆之味，第五种是有新奇之味，第六种是有苦涩之味，第七种是有寒酸之味，而最坏的反应，是伤痛之味。

言谈之中，令人回味，对方能产生隽永的反应；热情洋溢，句句打动人心坎，对方自会产生甜蜜的反应；激昂慷慨，言人所不敢言，对方自会产生辛辣的反应；知无不言，言无不尽，对方自会产生爽脆的反应；“以反人为实”，“好为无端涯之言”，对方自会产生新奇的反应；陈义晦涩，言辞拙讷，对方自会产生苦涩的反应；一味诉苦，到处乞怜，对方自会产生寒酸的反应；好放冷箭，伤人为快，伤人越甚，越以为快，对方自会产生伤痛的反应。

能得隽永反应者为上，能得甜蜜反应者为次，能得爽脆反应者又次，能得辛辣反应者更次，得到新奇的反应、苦涩的反应、寒酸的反应的话都是下等；而得到伤痛反应的话，更是大反人情。说话不能不顾虑别人的反应。

聊天心理学

得到新奇的反应、苦涩的反应、寒酸的反应的话都是下等；而得到伤痛反应的话，更是大反人情。说话时，不能不顾及别人的情绪反应。

安慰他人时不可自我显摆

任何时候，我们都要保持低调，切不可在原本关系亲密的人面前击中他人的软肋，显摆自己的得意，否则就会伤害友情，导致事与愿违。

近来，豆豆和萌萌都准备在南京买房。她们是大学同学，豆豆在老家，她的爱人已经调到南京工作三年多了。萌萌呢，一直在北京发展，如今为了解决两个孩子的户口和入学问题，决定到南京定居。一想到不久的将来就能够在南京重逢，她们都很高兴。

萌萌搬到南京之后一年多，开始着手买房的事情。此时，豆豆的爱人已经在南京工作四年多了，他们也已经两地分居四年多了，买房也可以说是迫在眉睫。一次豆豆来南京看望爱人，与萌萌聚餐。席间，豆豆的爱人高兴地说："我们的买房事宜已经提上日程，也许会赶在你们前面哦！"豆豆的爱人始终两地奔波，想必是很累了，如今买房指日可待，感到非常高兴。

半年之后，萌萌卖掉北京的两套小房子一鼓作气地在南京买了两套房。豆豆呢，因为家里的房子不好出手，居然还没有开始看房。最可恨的是，家里的房产市场供过于求，根本卖不上价，因此豆豆换房到南京成了天大的难题。思来想去，豆豆有些犹豫了，因为如果把房子换到南京，她与孩子的生活质量就会受到严重影响。因而，豆豆和爱人商量："南京的房子太贵了，咱们也不能为了搬到南京就不吃不喝去要饭啊！要不你就辛苦吧，反正年轻，等到退休就不用两地奔波了。"听了豆豆的话，爱人很发愁。他每两个星期回家一趟，单程就要五小时的车程，实在是心力交瘁。这时，萌萌偏偏安慰豆豆："豆豆，要是真的觉得压力大，就别买啦。反正，辛苦你老公一个，你和孩子都很幸福。不过呢，我是无论如何都坚持要全家人守在一起的，不然，分开过一辈子多么难受啊！所以，当我老公说要准备搬来南京时，我马上就联系搬家公司，几天就搬到南京了呢！"

听了萌萌的话，豆豆心里很不是滋味："是啊，我的动作哪有你那么快！我要是有你这魄力，又有个能挣钱的老公，也不至于等到房子涨价这么多才想起来买啊！我家老张调动到南京上班时，房价才几千块钱呢！"听了豆豆酸溜溜的话，萌萌意识到自己说错了话。她尴尬地笑了笑说："豆豆，我不是你想的那个意思。我是觉得，如果你真是不想来南京，不如让老张调回去啊。毕竟，要是两地分居二三十年，你就太苦了。”豆豆的眼眶湿润了，说：“我知道你是心疼我。”

现代社会，很多人之间都有竞争关系。有的竞争是出于工作的需要，有的竞争则纯粹是为了面子而自发展开的竞争，这与人的虚荣心是密切相关的。然而，每个人都不可能事事如意，总有些事情不尽如人意，这就需要每个人都坦然面对。虽然说起来“坦然面对”只是简简单单的四个字，但是在尊严、面子、虚荣心面前，人们早就忘记了“胜败乃兵家常事”这句话，一心一意地只想要比得过为自己挣面子。在这种情况下，如果你恰恰是得意之人，而又面对着一个失意落魄的人，切不可自我显摆，击中别人的痛处。

面对失意的豆豆，萌萌却毫不掩饰地自夸搬家快，买房快，因而才能抓住好机会。不想，这恰恰是豆豆的伤心处所在。萌萌的话就像是一根根针，深深地扎到了豆豆的心上。面对豆豆说出的酸溜溜的话，萌萌意识到自己安慰的话说得不合时宜，因而赶紧改变谈话的方向，从真心为豆豆着想的角度出发考虑问题，让豆豆因为她的关心而湿了眼睛。

越是熟悉的人之间，越容易互相攀比，尤其是原本起点相差无几的同学之间，则更在乎自己现在过得有没有别人好。去南京买房安家，对于豆豆而言无疑是个长久的夙愿，至今被萌萌赶了先，依然没有完成。因而，萌萌作为豆豆的好朋友，说话时一定要非常在意，才能避开这个雷区。当然，如果豆豆自己想要提起，则另当别论。

在他人失意落魄时，如果你以得意扬扬的姿态出现，一定会让对方觉得更加难堪。即便你心里万分欣喜，为了照顾他人的情绪，也应该保持低调，做到不炫耀、不显摆。否则，当你满脸得意地去安慰他人时，一定会刺伤他人敏感的心，甚至事与愿违地让他人恼羞成怒，最终与你决裂。

聊天心理学

如果你恰恰是得意之人，而又面对着一个失意落魄的人，切不可自我显摆，击中别人的痛处。

LEARN TO COMMUNICATE WITH THE PUBLIC

第七章

会聊天的人肯倾听，事情才会谈得开

捕捉弦外之音，听出真实想法

上天赐予我们一对灵敏的耳朵，我们要善于利用。在沟通中要学会认真倾听，认真分析，以获得真实、有效的信息！

明朝洪武初年（1368），浙江嘉定安亭有一个名为万二的人，他是元朝的遗民，在安亭郡堪称首富。一次，有人自京城办事归来，万二问他在京城的见闻。这人说："皇帝最近作了一首诗，诗是这样的：'百僚未起朕先起，百僚已睡朕未睡。不如江南富足翁，日高丈五犹拥被。'"万二一听叹口气道："唉，迹象已经有了！"他马上变卖田产，自己买了一艘船，载着妻子，向江湖泛游而去。两年不到，江南大族富户都被收缴了财产，门庭破落，只有万二的财产得以保全。

与人沟通，耳朵要灵敏。要努力注意听出对方的弦外之音，捕捉到对方心里最真实的想法……

王编辑约作家老刘为刊物写一篇稿子，恰巧编辑部召开会议，于是便也邀请了老刘。老刘刚一进会场，王编辑就冲了过去："太好了！太好了！我一直在等您的稿子呢！"

"糟糕！"老刘一拍脑袋，拱手说，"抱歉！抱歉！稿子落在家里，忘记带了。"接着又拍拍王编辑的肩膀，"明天，明天上午，您派人来拿，好吧？"

"没关系！"王编辑一笑，"不用等到明天，我一会儿开车送您回去，顺便拿。"老刘一怔，也笑笑："可惜我等会儿不直接回家，还是明天吧！”

座谈会结束后，王编辑到停车场开车回家。转过街角，他看见老刘和另一个作家小李在等出租车。王编辑摇下车窗热心地问：“到哪儿去呀？”小李说：“陪老刘回家。”王编辑一听，马上停下车将老刘和小李拉上车，边开边说：“我送您回家，顺便拿稿子。”

“我家巷子小，尤其一到这假日，车停得满满的，不容易进去。”老刘拍拍王编辑说，“您就把我们放在巷口，我明天上午把稿子给您送去。”谁知王编辑说自己顺路，一定要去，他硬是转过小巷子，一点儿一点儿往里挤，开到作家老刘的门口。

“我还得找稿子呢！再说这巷子不好停车。”老刘有点儿着急了。“没关系，您不是说放在桌子上吗？”王编辑回答。正说着，后面的车子已经打响喇叭催促了。

“你还是别等了吧！”老刘一拍车窗，不好意思地说，“告诉您实话，我还没写完呢。”王编辑这才明白过来，闹了个大红脸。

老刘再三找借口推辞，王编辑居然硬是没有听出他“我还没有写完”的弦外之音，结果造成了尴尬。

很多人在特定的环境中不方便直接表达自己的观点，于是便间接地表达。这时，用心加以辨别和分析，是非常重要的！

战国时期，楚国发兵攻打齐国。齐威王决定派能言善辩的淳于髡去赵国求援。他让淳于髡驾上马车10辆，装上黄金100两。淳于髡见了放声大笑，连系帽子的带子都笑断了。

齐威王就问：“先生是嫌这些东西少吗？”

淳于髡说：“我怎么敢嫌少呢？”

齐威王又问："那你刚才笑什么呀？"

淳于髡说："大王息怒，今天我从东面来时，看见有个农民在田里求田神赐给他一个丰收年，他拿着一只猪蹄和一坛子酒，祈祷说：'田神啊田神，请你保佑我五谷成熟，米粮满仓吧！'他的祭品那么少，而想得到的却是那么多。我刚才想到了他，所以禁不住想笑。"

齐威王领悟了他的意思，马上给他黄金1000两，车马100辆，白璧10对。于是淳于髡自信地出使赵国，搬来了10万救兵。

齐威王听出了淳于髡的弦外之音，马上重新配送了礼品，最终顺利地实现了自己的目的。

很多人喜欢间接地表达自己的态度，如果我们不竖起耳朵、仔细辨别，就会造成尴尬。

聊天心理学

与人沟通，耳朵要灵敏。要努力注意听出对方的弦外之音，捕捉到对方心里最真实的想法。

以沉默的态度拒绝对方

面红耳赤争吵的两个人，都想说服对方，最终的结局多是不欢而散。此时，倘若一方能够适时沉默，那么效果一定会更好。沉默是理性的开始，并且引导双方冷静思考。适当保持沉默有时比激情的演说更有威慑力，沉默后的发言更容易得到别人的重视。

但是，沉默的时机并不是固定的，它可以出现在谈话的开始、中间、也可以出现在谈话的最后时刻。总的原则就是“避其锋芒”，观察对方有多急切地想表达观点，让对方说够，也给自己充足的时间倾听和思考，给对方制造一种被尊重的感觉。当然，凡事要有度，倘若沉默时间过长，让双方都觉得有些尴尬了，则要赶快找些话题，打破僵局。

从前，有个农民牵着一匹马到外地去，中午走到一家客栈用餐，他把马拴在旁边的一棵树上，这时有个商人骑着一匹马过来，将马也拴在这棵树上。见到这种情形，农民赶忙说：“请不要把你的马拴在这棵树上，我的马还没有被驯服，它会踢死你的马。”但那商人不听，拴上马后便进了客栈。

一会儿，他们听到马的嘶叫声，两人急忙跑出来看，商人的马已被踢死了。商人拽住农民就去见县官，要农民赔马。县官向农民提出了许多问题，农民却装作没听见似的，一字不答。

县官转而对商人说：“他是个哑巴，叫我怎么判？”商人十分惊讶地说：“我刚才见到他的时候，他还能够说话呢？”县官接着问商人：“他刚才说了什么？”商人把刚才拴马时农民对他说的话重复了一遍，县官听后说：“这样看来是你无理了，因为他事先曾警告过你。因此，他不应该赔偿你的马。”

这时农民开了口，他告诉县官：“我之所以不回答问话，是想让商人自己把事情的全部经过讲清楚，这样，不是更容易弄清楚谁是谁非吗？”

由此可见，沉默是有力的武器。在日常交际中，遇到难以说清是非的问题时，你不妨也像这位农民一样，以无言应对喧哗，这会产生比硬碰硬更大的震慑力量。

台湾有一个经营印刷业的老板，在经营了多年之后突然萌发了退休的念头。他原来从美国购进了一批印刷机器，经过多年的使用，扣除磨损费应该还有250万美元的价值。他在心中打定主意，在出售这批机器的时候，一定不能以低于250万美元的价格出让。有一个买主在谈判的时候，针对这台机器各种问题滔滔不绝地指出了很多缺点与不足，这让印刷业的老板感到气愤不已。但是他在自己刚要发作的时候，突然想起自己250万美元的底价。于是，又冷静了下来，一言不发，看着那个人继续滔滔不绝。结果到了最后，那人再没有说话的气力，突然蹦出一句："嘿，老兄，我看你这个机器我最多能够给你350万美元，再多的话我们可真是不要了。"于是，这个老板十分幸运地比计划多赚了整整100万美元。

沉默并不是指一味地不说话，而是一种成竹在胸、沉着冷静的姿态，尤在神态上更是要表现出一种优势在握的感觉，而逼迫对方沉不住气，先亮底牌。但是，倘若你神态沮丧，霜打了的茄子一般，只能是山穷水尽的表现了。沉默只是表达力量的一种技巧而不是本身就是有优势力量。

某位明星被曝光与一社会名流正在谈恋爱，一时之间，娱乐圈中掀起轩然大波，各家媒体纷纷想尽办法前去挖掘事件内幕，但是，在面对记者们的疯狂追问时，当事人却泰然自若，三缄其口，不动声色，经纪公司也保持沉默，表示对此一无所知。于是，几周，甚至几天之后，此事件便不了了之。显然，沉默是明星们拒绝绯闻的最佳方法。

当你觉得语言不能辩白，当你面对别人的蛮横无理之时，沉默将会是你最好的选择，也是最无声的抗拒。咬紧牙关，连“不”字都不说，因为说“不”，对于被拒绝的一方来说，意味着完成某件事情的希望又少了几分，倘若他非常渴望实现自己的目标，必定会想方设法用自己的理由来说服你不要拒绝。

尽管你可以告诉别人恰当的理由，给他指明另外的道路，但倘若对方仍旧死不放手，依然不愿就这样被你拒绝，那么势必会与你展开一场激烈的争论。无论争论的结果如何，对说“不”的一方来说，都是弊大于利的。即使通过讨论或争论，最终得到的共识依旧是拒绝，你终究已经浪费了大量精力在这件事上，这与你躲避不必要的麻烦、完成应该做的事情的原则不相符。倘若你稍微心软一点，在对方咄咄逼人的攻势之下，不慎掉入不得不接受的陷阱，那么吃亏的只会是你自己。

在生活中，我们常常会遇到这样的情形：当某位银行业务员向你推销他们发行的信用卡时，倘若你对此没有兴趣，表示拒绝的回答是：“对不起，我已经办了好几张卡了，所以不需要。”那么，对方则很有可能抓住你的弱点进行回击：“是吗？那您每天带着好几张卡出门，一定觉得很不方便吧！”

“还好啦！”你的回答通常会是这样，而这就让推销员更有机会深入话题，“其实您完全可以把这些卡丢掉，因为只要您办了我们银行新推出的信用卡，只需要一张就能够走遍全国，甚至在全球 845 个城市都可以随时享受我们优质的服务。因为这个月是推广月，现在办的话还可以享受免年费的优惠以及赠品……”

怎么办？原本是想拒绝对方，却因为对方实在是口才出众而变得难以拒绝。更有意思的是，自己拒绝的理由，反而为他进一步推广自己的产品做了铺垫。无论最终我们是否办了他们银行的信用卡，被对方打扰到已经是无法挽回的事实。

当你遇到类似的情况时，任凭对方舌灿莲花吹嘘他的产品，我们都不予理会，在这种缺乏反应的状态下，不消几分钟，对方的语言就已经接近匮乏。而且由于得不到预期中的响应，他们的气势和信心也会逐渐降低，直到彻底放弃。

不过，沉默的拒绝并不是万灵丹，倘若对方的行为、语言的目的就是要让你沉默，这时你恰巧沉默以对，反而会助长对方的气势。倘若有人侵犯你的正当权益，如性骚扰、无端扣工资或者欺压等，对方当然希望你不要有所反应。这时沉默的拒绝便不再可行，正确的做法是尽一切努力让对方明白，自己对此相当不满，而且会采取自我保护手段，进行坚决抵抗。

“静者心多妙，超然思不群。”而沉不住气的人在冷静的人的面前往往最容易失败，因为急躁的心情已经占据他们的心灵，他们没有时间来考虑自己的处境和地位，更不会认真地坐下来思索真正的对策。在最常见的讨价还价中，他们总是不等对方发言，就不断地提出价格建议，最后却让别人钻了空子。倘若你觉得有求于己的人是辩论高手，或自己不够心狠，很可能随时动摇，那么最好的应付方法就是，以沉默的态度来拒绝对方。因为没有了回应，再厉害的人也无法抓住语言中的弱点来顺势进攻。

聊天心理学

当你觉得语言不能辩白，当你面对别人的蛮横无理之时，沉默将会是你最好的选择，也是最无声的抗拒。

会说的不如会听的，把话语权交给对方

在人际交往中，专注认真地倾听对方的谈话，就是在向对方表示你的友善和兴趣，就等于在告诉对方，“你说的东西很有价值”，或“你值得我结交”。因此，对方对你的感情也就更进了一步，“他能理解我”“他真的成了我的知己”。同时，倾听也能够使对方的自尊心得到满足。倾听的最大价值就是深得人心，使双方感情相通，心理距离缩短，信任度增加。只要时机成熟，双方就可以从陌生人变成好朋友，甚至是知己。

因此，注意倾听是你给别人留下良好印象的有效方式。许多人不能给人留下良好印象，就是因为他不注意听别人讲话。心理观察显示，人们喜欢善听者甚于善说者。戴尔·卡耐基曾举过一例：在一个宴会上，他坐在一位植物学家身旁，专注地听着植物学家跟他谈论各种有关植物的趣事，除了提出一个问题之外，几乎没有说什么话，但分手时那位植物学家却对别人说，卡耐基先生是一个很有意思的谈话者。

当我们与他人出现争执的时候，我们无谓的解释、反驳可能会使对方停止陈述。然而，这往往只是表面的或因言辞不力而被迫停止激烈的论述，对某事保持暂时的“缄默”，而事实上，对方内心却

充满了对立情绪，我们因此难以获得对方的真实信号、信息。相反，如果我们保持安静，不插话、不急于反对，待对方充分发表真实的意见、看法后再进行解说、论述，则可以获得更多准确的信息而无须自行猜测或妄断对方的想法。同时，也避免我们因采用语言或某种强迫手段使对方终止表述，给对方留下反感的印象。

伊里亚·爱伦堡的长篇小说《暴风雨》出版后，在社会上引起震动，褒贬不一，莫衷一是。某报主编不知从哪里得到了斯大林对《暴风雨》的看法，认为此书是“水杯里的暴风雨”。

为了讨好领导，主编就组织编辑部人员讨论这部小说，以表示该报的政治敏感性和高度警惕性，表明该报的鲜明立场。

讨论进行了数小时，发言人提出不少批评意见。由于主编的诱导，每篇发言言辞都辛辣而尖刻，如果批评成立的话，都足以让作家坐几年牢。可是在场的爱伦堡极为平静，他听着大家的发言，显出令人吃惊的无动于衷的态度。这使与会者无法忍受，纷纷要爱伦堡发言，并要求他从思想深处批判自己的错误。在大家的再三督促下，爱伦堡只好发言。他说：“我很感谢各位对鄙人的小说产生这么大的兴趣，感谢大家的批评意见。这部小说出版后，我收到不少来信，这些来信中的评价与诸位的评价不完全一致。这里有封电报内容如下：‘我怀着极大兴趣读了您的《暴风雨》，祝贺您取得了这么大的成就。——约瑟夫·斯大林’。”

主编的脸色很难看，以最快的速度离开会场，那些批判很尖刻的评委们也都抱头鼠窜了。爱伦堡轻轻地摇摇头：“都怨我，这么过早地发言，害得大家不能再发言了。”

爱伦堡的聪明在于他深知：如果打断别人，据理反驳，必激起同人们更为尖锐的批评。在这种不利于自己的情况下，最明智的做法就是把话语权交给对方，褒贬随人。

要知道，交谈是双向的，而不是一个人唱独角戏，在交谈中懂得适时地倾听对方说话和提问有关问题，能够表现出对对方的尊重，也有利于引导谈话向更深的层次发展。对此，我们可以从以下几方面来加以注意。

1. 要有耐心，不能随便打断他人的讲话

有些人话很多，或者语言表达有些零散甚至混乱，这时一定要耐心听完他的叙述。即使听到你不能接受的观点或者伤害某些感情的话，也要耐心地听完。听完后可以反驳或者表示你的观点。当他人流畅地谈话时，随便插话打岔，改变说话人的思路和话题，或任意发表评论，都被认为是一种没有教养或不礼貌的行为。

2. 集中注意力，真心诚意地倾听

人的思绪常进行得很快，往往超过讲话的速度。讲话的速度是每分钟120～160字，而思考的速度则是每分钟400～600字。由此，要强迫自己集中注意力。

假如你真的没有时间，或由于别的原因而不愿听对方谈话，你最好客气地提出来："对不起，我很想听你说，但我今天还有一件事要做。"礼貌地提出来，比勉强听或者坐着开小差更好一些。

3. 适时给予反馈

反馈就是用自己的语言复述对讲话人所表达信息和情感的理解，这表明你已经听到并理解了信息。你可以逐字逐句地重复讲话人的讲话，也可以用自己的语言解释讲话人的意思。比如："你的话是不是可以这样概括……”当别人说：“我不喜欢我的领导，再说，那个工作也很烦人。”你可以用自己的语言解释：“你对你的工作不太满意？”

4. 偶尔提问或提示给讲话者以鼓励

偶尔的提问和鼓励往往代表你对对方所说的话的重视。例如，“你能详细说明一下刚才你讲的意思吗？”

“我可能没有听懂，你能再讲具体一点吗？”

或用提问或评论的方法鼓励讲话人：

“这几条建议，你认为哪一条最好呢？”

“这很有趣，请你接着说。”

同样，可以适时用简短的语言，如“是”“对的”或点头微笑来表示你的赞同和鼓励。

俗话说得好：“会说的不如会听的。”只有会听，才能真正地会说；只有会听，才能更好地了解对方，促成有效的交流。不重视、不善于倾听就是不重视、不善于交流。交流的一半就是用心倾听他人的谈话。不管你的口才有多么出色，你的言语多精彩，也要注意听别人说些什么。

聊天心理学

如果打断别人，据理反驳，必会激起更为尖锐的批评。在这种不利于自己的情况下，最明智的做法就是把话语权交给对方，褒贬随人。

把握事情核心，妙用“见风使舵”

民间有几句俗语，“到什么山头唱什么歌”“见人说人话，见鬼说鬼话”。虽然这未免有见风使舵的嫌疑，但在现代人际交往中，见风使舵并非贬义词，而是意味着灵活待人处事，从而最大限度地避免祸从口出，也能使每一句话都说到点子上。

从某种意义上来说，察言观色就像看菜吃饭，量体裁衣。不管是做人还是做事，都要圆融通达，才能达到最好的效果。如果我们一味地按照既定的方法做事，则难免偏离实际情况。而如果没有一定的既定方针作为指导，则又会像没头苍蝇一样。最好的办法就是学会察言观色，然后根据实际情况调整说话的思路，这样不但能够避免不小心说错了话得罪他人，也能帮助我们更好地把话说到他人心里去，与他人友好和谐地相处。

对很多初入职场的新人而言，他们总是心怀忐忑，不知道应该如何与新同事、新上司相处。实际上，与他人相处并非想象中那么难。任何时候，我们都应该本着真诚的原则，做到淡然处事。现代职场，和几十年前计划经济时代晋升需要靠关系不同，特别是在一些私营企业，实力才是决定晋升通道的最根本因素。因而，即使我们初入职场，也无须四处阿谀奉承。只要把自己的工作做好，在待人处世方面做到察言观色，避免祸从口出，你的职业生涯就不会有太大的变故。

在中国四大名著之一《红楼梦》中，每个人都栩栩如生，各具特色，要说其中最懂得察言观色的，当数王熙凤。在林黛玉初来乍到贾府时，先是与众人一一见过面，意识到贾母颇具威严，在贾母身边的每个人都毕恭毕敬，不敢大声说话。后来，王熙凤大笑着出现在众人面前，由此可见，她在贾母心目中与众不同的地位。如果旁人在贾母面前胆敢如此，一定会被批评放肆无礼，唯有王熙凤才有这个特权。当时，作者不惜笔墨描述王熙凤的市侩模样，让人一看便知王熙凤狡猾刁钻，绝非善类。

后来，王熙凤看到林黛玉，居然夸张地说："天下真有这样标致的人物，我今儿才算见了！况且这通身的气派，竟不像老祖宗的外孙女儿，竟是个嫡亲的孙女，怨不得老祖宗天天口头心头一时不忘。只可怜我这妹妹这样命苦，怎么姑妈偏就去世了！"说着，王熙凤居然开始伤心起来，这就是王熙凤的高明之处。她见了黛玉先是赞不绝口，这恰恰迎合了贾母的心思。然而，她又不是一味地欢喜，因为贾母看到黛玉就想到短命的女儿，已经先拥着黛玉哭过了。所以王熙凤在夸赞完黛玉之后，也马上表现出伤心的样子，同样是为了迎合贾母。由此可见，王熙凤把察言观色、见风使舵的本领运用得炉火纯青，因此才能在贾府如鱼得水，尽享贾母的疼爱和宠溺。

在贾府之中，很多人都曾惹得贾母不高兴，唯独王熙凤，句句话都能说到贾母的心里去。她心知肚明，贾母才是贾府的当家人，她只是个总管而已。因而，她要想一手遮天，就必须牢牢依靠着贾母，才能让众人服气。也正因为察言观色、见风使舵的本领，王熙凤才能在贾府中左右逢源。所以，不管做什么事情，我们都应该把握事情的核心。否则，一旦偏离重心，就会导致竹篮打水一场空，即便付出了再多的努力，也毫无结果。

聊天心理学

学会察言观色，然后根据实际情况调整说话的思路，不但能避免不小心说错了话得罪他人，也能帮助我们更好地把话说到他人心里去，与他人友好和谐地相处。

赢得一时争论，人心渐渐离失

其实，在很多情况下，我们都应该永远记住这句话：不要和他人发生正面冲突。即便你一贯争强好胜，以反驳他人为乐趣，赢得了一时的胜利，但是这样得来的胜利毫无意义和价值，只能伤害彼此的感情。

几乎每个人都做过这种事：只要能赢就可以不择手段，但是人性中偏偏存在这么一个弱点——没有人希望承认自己有错，人人都希望得到别人的认同。所以，你是宁愿要一个毫无意义、表面上的胜利，还是希望得到别人的好感呢？

在第二次世界大战后不久，澳大利亚飞行家詹姆斯成了举世瞩目的人物。一天晚上，卡耐基先生应邀参加了欢迎詹姆斯的宴会。

宴会间，一位先生给大家讲了一段诙谐幽默的故事，但是，他却记错了其中一句格言的出处，而卡耐基先生恰好知道这句格言出自莎士比亚的某篇作品，于是，他毫无顾忌地纠正了这位先生的错误——这句格言并非出自《圣经》。

然而，讲故事的那位先生却坚持自己的说法，自信地说："什么？那句话出自莎士比亚？不可能，绝对不可能。"

当时，卡耐基的老朋友加蒙目睹了全过程，而他也是研究莎士比亚的专家。于是，讲故事的先生和卡耐基就让加蒙来决定他们俩谁说得对。加蒙在桌子底下踢了卡耐基一脚，然后说："卡耐基，你是错的，这句话的确出自《圣经》。"

宴会后，卡耐基在回家的路上责怪加蒙说："你明明知道那句格言出自莎士比亚之口，为什么还要说我说得不对呢？"

"是的，你说得没错，那句格言确实出自莎士比亚的作品，可是，我们为什么一定要找出一个证据，去指责别人的错误呢？你觉得这样做会让别人对你产生好感吗？我们与人打交道，难道就不能给他人留一点面子吗？"加蒙说。

为何很多人总是喜欢跟他人争辩呢？要知道，每个人都是独立的个体，每个个体都有自己不同的生活方式和价值观。同一件事情，总会有不同的想法和态度，一味坚持对方是错的，那又能怎样？也许你会因此扬扬自得，但是对方却因为蒙羞而怨恨你。

很多时候，赢得一场争论只能让你胜利一时，逞口舌之快并不能让你更有智慧，只会有损你的教养，让你失去自控力。尽可能对别人谦让一些，你才能学到更多的东西。

有位汽车推销员，从业多年，但是并不怎么成功，他总是喜欢同他的顾客大声争辩，并冒犯他们。一直以来，他都有一个困扰：虽然赢过不少争论，心里也为此扬扬自得，可是最后什么也没有推销出去。

在大多数情况下，争论非但不会令双方和解，反而会火上浇油，令双方更加坚信自己言之有理。

谁都知道沟通的重要性——好的沟通能让你的工作与生活都得

心应手，然而在人际交往时，各人还是会坚持自己的观点，相信自己是绝对正确的。

争论产生的结果只能是失败，即使从表面上看你胜了，实际上与失败没有什么区别。因为就算你把对方驳得体无完肤，甚至指责对方神经错乱，结果又会怎样？一场争论之后，你逞了一时之快，心里乐开了花，但是对方却会因此感到自卑。你伤了他的自尊，他对你自然心怀不满。既然争论百害而无一利，那么何不像避开毒蛇和地震一样，尽量避免争论。

聊天心理学

赢得一场争论只能让你胜利一时，逞口舌之快并不能让你更有智慧，只会有损你的教养，让你失去自控力。

心不在焉的倾听容易点燃别人的怒火

任何时候都不要忽视他人，除非你真的不想再与这个人继续交往下去。尤其是当面对面说话时，你明明答应得清清楚楚，却实际上对他人的话充耳不闻，这一定会让他人感到气愤和厌恶。归根结底，彼此尊重是交往的基本前提。很多时候，这种尊重体现在倾听方面。当你全心全意地倾听，你就得到了他人的理解和尊重。

结婚一年多来，这已经是莎莎不知道第几次和王强吵架了。在热恋的时候，王强总是对莎莎百依百顺，即使莎莎打个喷嚏，他也会马上嘘寒问暖。然而，自从结婚之后，这一切都变了。

原本，早在昨天晚上，莎莎就对王强说："明天是我的生日，你来公司接我一起吃晚饭，然后咱们去喝咖啡吧！"实际上，咖啡家里也能喝，莎莎只不过是想与王强重温恋爱的感觉。王强漫不经心地点点头。次日下午，他忘记去接莎莎，且在莎莎给他打电话质问时完全不知所以。他说："什么？你昨天没有告诉我一起在外面吃饭喝咖啡的事情啊！"听到王强这么说，莎莎更加生气了。她口不择言地说："对，我冲着牛说了。我早就应该知道，你现在对我就是敷衍了事，心不在焉。亏得我还想与你去喝咖啡，简直是浪费！"

这次吵架，莎莎气得回娘家好几天都不理王强，王强却根本不知道自己错在哪里。王强想得很简单："就算我真的忘记了头一天晚上的约定，也没关系啊。我再去接她一起吃饭不就得了，用得着这么上纲上线吗？"他不知道，莎莎不是在乎一顿饭，也不是在乎咖啡，只是想要得到被呵护备至和全部关注的感觉。后来，朋友告诉王强他的确错了，王强才恍然大悟，赶紧怀抱鲜花去接莎莎回家。但是，谁也不知道他什么时候又会犯同样的错误。难怪有位名人说，男人来自金星，女人来自火星呢。

莎莎因为王强对她的心不在焉而生气，王强却不知道自己错在哪里，直到朋友点醒他为止。很多时候，我们不管在什么样的情境中，在听他人说话时都应该全神贯注。唯有给予他人这份尊重，他人才会更加尊重我们，这是相互的。当然，任何人都有自己的生活，也有自己的精神世界。很多时候，当别人需要我们全神贯注时，我们却很有可能无法做到。凡事都不是绝对的，只有彼此成全，才能让我们的交谈更加轻松愉悦。

通常情况下，每个人都希望得到他人全心全意的对待，即使这份对待只是倾听。因为全心全意代表着一种态度，是谈话必须具备的态度。所以，不管什么情况下，我们都应该专注，而不应该心不在焉。

聊天心理学

彼此尊重是交往的基本前提。很多时候，这种尊重体现在倾听方面。当你全心全意地倾听，你就得到了他人的理解和尊重。

倾听中的插话技巧

一个会说话的人，在听别人说话时，往往懂得把握插话的分寸和时机。当别人说话的时候，你盯着对方一言不发不好，不停地打断对方插话也不好。正确的做法是在适当的时候做出恰当的反应。

把握好插话的时机，非常重要。即使你真的没听懂；或者不小心听漏了句，也千万别在对方说话途中突然提出问题，必须等到他把话说完，再提出："抱歉！刚才中间有一两句你说的是……吗？"如果你是在对方谈话中间打断："等等，你刚才这句话能不能再重复一遍？"这样，会使对方有一种受到命令或指示的感觉，显然，对你的印象就没那么好了。当然，在必要的时候还要附和一些话，以让对方知道你在听他说。比如，你可以说："哦，那真不是一件容易的事"或"我非常了解你当时的心情"，等等。

当朋友谈兴正浓，而你想加入他们的谈话时，不要突兀地打断他说：“喂，们正在谈什么呢？”这样很容易引起别人的不快。要尽可能地找个适当的机会，礼貌地说：“又对不起，我可以加入你们吗？”或者，大方客气地打招呼，叫你的朋友介绍一下，就能很自然地进入谈话行列。千万不要打断他们的话题，也不要制造尴尬的气氛。

另外，我们听别人说话，要有始有终。例如，有些人往往因为疑惑对方所讲的内容，便脱口而出：“这话不太好吧！”或因不满意对方的意见而提出自己的见解，甚至当对方略做停顿时，抢着说：“你要说的是不是这样……”这时，由于你的插话，很可能打断对方的思路，要讲些什么他反而忘了。

在社交场上，你时常可以看到你的一个朋友和另外一个不认识的人聊得正起劲，此时，你可能就会有融入其中的想法。因为你不知道他们的话题是什么，而你突然加入，可能会令他们觉得不自然，也许因此话题会接不下去。更糟的是，也许他们正在进行一项重大的谈判，却由于你的加入使他们无法再集中思想而无意中失去了这笔交易；或许他们正在热烈讨论，苦苦思索解决一个难题，正当这个关键时刻，也许由于你的插话会导致对他们有利的解决办法告吹，以致气氛尴尬，后果无法收拾。此时，大家一定会觉得你没有礼貌，进而大家都厌恶你，导致社交失败。

总有这样一些人，自己既没什么主见也没什么能耐，但一听到别人在谈话，他们就竖起耳朵，兴趣大增，不管是与他是否有关之事，他都要不失时机地在别人的话中插上一杠，要么打断别人的谈话，要么让说话者中途停下来聆听他的“高见”。以此得意扬扬地炫耀自己的口才。这种人的插话，很大程度上影响了交流的正常进行。爱插话的人，因为习惯随便打断别人的说话，不知道尊重别人，所以，旁人也很反感这样的人、厌恶这样的人。

培根曾说："打断别人，乱插嘴的人，甚至比发言更令人讨厌。"打断别人说话是一种最无礼的行为。

有一个老板正与几个客户谈生意，谈得差不多的时候，老板的一位朋友来了，这位朋友插进来说："哇，我刚才在大街上看了一个大热闹……"接着就说开了。老板示意他不要说，可他却毫不领会，说得津津有味，客户见谈生意的话题被打乱，就对老板说："你先跟你的朋友谈吧，我们改天再来。"客户说完就走了。

老板的这位朋友乱插话，搅了老板的大生意，让老板很是恼火，随便打断别人说话或中途插话，是有失礼貌的行为，但有些人却存在着这样的陋习，结果往往在不经意间破坏了自己的人际关系。

在我们身边，经常会有这样的人，他们喜欢多说话，总是喜欢显示自己的一切，好像他博古通今似的。这样的人，以为别人会很服他们，其实，只要有点社会阅历的人，都会不以为然。更聪明的人，或者说智慧的人，往往会根据自己的经验，知道自己要是多说，必然说得多，错得也多，所以不到需要时，总是少说或者不说。当然，到了说比不说更有效时，我们一定要说。

其实，少插嘴并不意味着不插嘴。一个倾听高手在倾听过程中如何插话，才有助于达到最佳的倾听效果呢？

根据不同对象可采取不同的方法。

（1）当对方在同你谈某事时，因担心你可能对此不感兴趣，显露出犹豫为难的神情时，你可以趁机说一两句安慰的话。"你能谈谈那件事吗？我不十分了解。”“请你继续说。”“我对此也是十分有兴趣的。”此时你说的话是为了表明一个意思：我很愿意听你的叙说，不论你说得怎样，说的是什么。这样可以消除对方的犹豫，坚定他倾诉的信心。

（2）当对方由于心烦、愤怒等原因，在叙述中不能控制自己的感情时你可用一两句话来疏导。

“你一定感到很气愤。”“你似乎有些心烦。”“你心里很难受吗？”说这些话后，对方可能会发泄一番，或哭或骂都不足为奇。因为，这些话的目的就是把对方心中郁结的一股异常情感“诱导”出来，当对方发泄一番后，会感到轻松、解脱，从而能够从容地完成对问题的叙述。

值得注意的是，说这些话时不要陷入盲目安慰的误区。不应对他人的话做出判断、评价，说一些诸如“你是对的他不是这样”一类的话。你的责任不过是顺应对方的情绪，为他架设一条“输导管”，而不应该“火上浇油”，强化他的抑郁情绪。

（3）当对方在叙述时急切地想让你理解他的谈话内容时，你可以用一两话来“综述”对方话中的含意。“你是说……”“你的意见是……”“你想说的是这个意思吧……”

这样的综述既能及时地验证你对对方谈话内容的理解程度，加深对其的印象，又能让对方感到你的诚意，并能帮助你随时纠正理解中的偏差。

以上三种倾听中的谈话方法都有一个共同的特点，即不对对方的谈话内容发表判断、评论，不对对方的情感做出是与否的表示，始终处于一种中性的态度。切记，有时在非语言传递的信息中你可以流露出自己的立场，但在语言传递中切不可流露，这是十分重要的。如果你试图超越这个界限，就有陷入倾听误区的危险，从而会使一场谈话失去原有的方向和意义。

每个人都会有情不自禁地想表达自己想法的意愿，但如果不去了解别人的感受，不分场合与时机就去打断别人说话或抢接别人的话头，这样会扰乱别人的思路，引起对方的不快，有时甚至会产生误会。因此，要想成为一个受人尊敬、被人喜欢的人，就应该学会去倾听别人说话，根除随便打断别人说话的陋习，在别人说话时切莫多言。

聊天心理学

少插嘴并不意味着不插嘴，不到需要时，少说或者不说。当然，到了说比不说更有效时，一定要说。

LEARN TO COMMUNICATE
WITH THE PUBLIC

第八章

会聊天的人有分寸，话说得恰到好处

合适的语气，化腐朽为神奇

在沟通中，语气起着很大的作用。有的人说话招人喜欢，而有的人说话就会招人厌恶，这跟语气是有很大关系的，因为语气包含了说话者的感情色彩。同样的一句话，如果用不同的语气来说，结果是大不相同的。

能说会道的人都具备掌控语气的能力。心理学家就是掌控语气的高手，他们用温和平稳的语气，放松我们的心理，让我们慢慢被他们的语言所吸引，从而获得解脱！

刘老师的班级里有一个孩子，性格比较孤僻，不善言谈，与同学们不合群，大家都笑话他，说他“傻”。

刘老师刚担任班主任时，就暗地里对这个孩子进行了深入了解，发现他的智商没有问题，于是，便有意识地鼓励他。一次课外活动时，刘老师见他独自坐在教室里，便走过去，温柔地跟他说：“老师发现你上课听讲挺认真的，而且反应并不比别人慢，老师相信你是一个聪明的孩子，只要你努力学习，一定会成为一名优秀的学生。”这个孩子听了刘老师的话，认真地点点头。然后，刘老师又把他带到学生中间，带他一起和同学们做游戏。同学们受到刘老师的影响，都争着和他玩。慢慢地，这个孩子和同学们的关系变得融洽了，学习成绩也提高了，再也没有人说他“傻”了。

这位同学之所以能够变得开朗活泼，主要是刘老师态度认真、语气和蔼的结果。刘老师的语气充分地体现出他对人的真诚和关怀，让这个同学不由自主地接受他的建议，从而走出了自卑和封闭。由此可见，合适的语气能充分地表达自己的意思和情感，达到"情通理达"的效果。所以，沟通中把握好说话的语气是非常重要的。

有这样一个故事：

有一天上午，女主人独自在家。她刚听完一段音乐，正要准备午餐，突然听到一阵门铃声。当她打开门时，发现一位彪形大汉手拿一把菜刀凶神恶煞般地站在门口。女主人见此情形，心跳加快，但是她很快镇定下来，装作不在意对方的菜刀，面带微笑温和地说道："哟！您是卖刀的啊！快请进吧。"进屋后，女主人请他坐下，又热情地为他倒了一杯茶。这一意外之举令本想来打劫的大汉不知所措。女主人播放音乐，又坐下来温和地与大汉谈论刀，还不时地讨价还价。整个过程，女主人始终用一种亲切的语气和这位男子说话，一切都显得非常亲切与从容。大汉紧张的心情竟然慢慢地平静下来，抢劫的念头也渐渐消散了。他借机把刀卖给这位女主人，就赶快跑掉了。

由此，我们可以看到语气的独特魅力。

语气的魅力竟然有如此神奇的效果，这实在是让我们意想不到。舒缓温和的语气，给人一种轻松安适的感觉，能令在场的每一个人感到放松，从而营造出良好的沟通氛围。女主人凭着自己温和而亲切的语气打动了一个有犯罪企图的大汉，让他迷途知返。

在日常的沟通交流中，要想让自己更好地掌控语气，就要注意把握语速、声调、音量，并且要注意自己的面部表情，使对方能够清楚地感受到自己的真诚，从而达到良好的沟通效果。

聊天心理学

合适的语气能充分地表达自己的意思和情感，达到“情通理达”的效果，所以，沟通中把握好说话的语气是非常重要的。

良性沟通从少说“我”开始

人际交往中，只强调自己是一个非常不好的习惯。这样做轻则让别人心里不舒服，重则得罪了人自己都不知道。

小虎和小马是公司新来的设计员。春节前夕，他俩带了礼物去拜访上司，感谢上司的关照。

上司请两人在客厅就座，很热情地请他们喝茶，让他们感觉非常温暖。

上司还放了音乐，三个人在愉快的氛围中轻松地聊着家常。上司询问两个人的工作情况，小虎一下子便打开了话匣子：“我感觉工作环境不错。工作起来很舒适：我周围的同事很照顾我，彼此相处得都算不错；附近的饭店卖的菜我也很愿意吃；平时上下班坐地铁很方便，很多人都没有座位，但我都能抢到座位……”上司听了小虎的话后，眉头微微皱了一下，不过，他很快就笑了：“年轻人就是有活力啊，好，好！”接着，他把目光看向了小马，小马有点腼腆地说：“我来公司三个月了，感觉学到了很多东西，经验也积累了一些。特别是我旁边的老同事，在我不会的时候总是耐心指教，让我进步很快。公司每个星期都会召开碰头会。在这个会议上，大家踊跃发言，集思广益，提出很多既实用又新颖的观点，让我受益匪浅。而且，您作为直属领导，对我们也非常关照，我们犯了错您总是耐心指正，有了成绩您又能给予鼓励，这让我们非常感激。因此，今天我们来看看您，也希望新的一年能在您的带领下做得更好！”

小马的一番话让上司心花怒放，他用赞许的眼光看着小马，不停地点着头。日后，上司对小马格外提拔，最后，小马成为公司的得力干将！

小虎在聊天时只强调个人的感受，而小马既诉说了自己的感受，又对公司和上司进行了适度的赞美，得到了上司的肯定和欣赏。

沟通注重双方共同的立场，如果不顾别人的感受过分强调自己，只会让别人讨厌并远离你。

二民是一家国企的会计。他在子公司已经工作了五年，一直想转到公司总部去。

二民工作能力很强，年年都被评为优秀员工，二民认为自己有足够的资本。于是，在周末的时候，二民带了厚礼去总公司的财务总监老王家拜访。

老王一看到二民来了，就说：“哟，公司会计标兵来了啊！”二民说：“领导既然觉得我是标兵，那我求你点儿事，你就答应了吧！”老王问：“什么事？”二民说：“我是个实在人，只知道工作，不会说什么话。我今天来就是请求你把我调到总部去。我认为自己有这个能力，所以希望领导考虑！”“这样啊，”老王抚摸着下巴，思考着说道，“二民，你的能力大家有目共睹，不过，我们是个大公司，凡事都要按照程序来，你的工龄只有五年，现在你还不到30岁，公司不能随便就把你调到总部，这样说不过去。更重要的是，总部的财务人员已经满了，你调过去也没有合适的位置，还是稍等等吧，这事我会放在心上。”二民听后很不满意，觉得老王是在糊弄自己，便有点儿生气地说：“这么大的一个公司会安排不了一个会计，我才不信呢，位置都留给有后台的人了吧！我的能力是有目共睹的，你们应该重视我才对啊！”“二民，公司的确很重视你，但现在安排这事确实有点儿难办，这样吧，你先在子公司继续工作，一有机会我就会把你调到总部，让你发挥更大的作用！”“那我要等到何年何月啊，唉，领导，你可要抓紧啊！”二民很不高兴地走了。老王看到二民一点儿都不体谅公司的难处，只是考虑自己的利益，心里就有点儿不痛快。所以，后来老王并没有全力安排这事，只是在开会的时候提了一下，见大家没什么反应，他也就不再争取了，二民依然在子公司做会计。

像二民这样只考虑自己，不体谅公司和领导的难处，自然不能得领导的欢心，不被提拔和重用也就在情理之中了。

在沟通中，只强调自己的人是自私的，这样的人与别人交往时必然产生问题。

聊天心理学

沟通注重双方共同的立场，如果不顾别人的感受过分强调自己，只会让别人讨厌并远离你。

必要的距离是尊重的前提

朋友交往，彼此间保持一个礼貌的距离，既不至于太远而显得冷淡，也不至于太近而失了必要的恭敬，这样的友谊才能更长久。周国平先生曾说过这样一句话：“在一切人际关系中，互相尊重是第一美德，而必要的距离又是任何一种尊重的前提。”

然而，很多美好的消失，都是因为距离的消失，只是我们浑然不觉，且始终执迷不悟。

古人云：“君子之交淡如水。”这无疑是一种朴素的真理。朋友之间相处的最高境界就像淡淡的清茶，没有要求，没有利害，没有是非，相聚只因随缘。

“竹林七贤”之一的山涛投靠司马氏之后，平步青云。

有一次，好心的山涛想推荐同为“竹林七贤”的好朋友嵇康去做官。嵇康一听，顿时觉得自己高洁的情操与志向受到了凌辱，于是，他愤怒地给山涛写了一封信，这就是历史上有名的《与山巨源绝交书》。

后来，嵇康与好友山涛的关系渐行渐远。

一个人真正的魅力，不是你给对方留下了多么美好的第一印象，而是对方认识你多年后，仍然喜欢和你在一起。

朋友之间如果忘记距离，就会失去自己的空间，被强烈的窒息感，甚至是一种被侵略的感觉所包围。你要知道，空间距离是维持朋友关系最重要、最微妙的因素，一旦空间被挤压、被侵占，友谊的大厦就会倒塌。所以，朋友之间长久相处的秘诀绝不是频繁地接触。保持一定的距离，反而会多一些牵挂。

也许很多人已经发现，你与那个感觉可以相处一辈子的朋友之间，也是有距离的。这个距离不远也不近，不疏也不密。毕竟在我们的心里，一辈子真正接纳的，只会是有限的几个人，而更多的人却成了我们生命中的匆匆过客。

当然，朋友之间保持一定的距离，也绝不能近到无话不谈。即使对方是你完全信任的朋友，你也不能把自己所有的苦恼都讲给对方。很多时候，交往过度其实是很致命的。

你要知道，所有美好关系的变味，都源自两个人之间的零距离。我们不是彼此的心理咨询师，不能一股脑地把自己的“脏衣服”都晾出来。当你忍不住要说秘密的时候，你就要时时提醒自己停下来，不要再说了。留一些隐私给自己，让它们成为你自己的秘密，这一点真的很重要。

而且不尊重朋友的话、伤害朋友的话、刻薄的话，统统都不要说，朋友跟你有着不同的生活习惯，也不要去指责。很多时候，如果你用挑剔的目光，去挑选十全十美的朋友，那么你很可能会没有一个朋友。千万不要相信“我们无话不谈”这样的陈词滥调，就算是亲密无间的夫妻，无话不谈最终也可能会酿出苦果。

其实，朋友之间的谈话要尽量找到共同点。即便双方之间有了分歧，也要以平等尊重的方式讨论，不必力求一致。而且要学会倾听对方不同的声音，保留自己的意见，并巧妙地转移到下一个话题。学会转移话题不仅是人际交往的润滑剂，而且是一种交往智慧，毕竟彼此之间的交谈，若是有了一个共同点，谈话就会进行得更温和、更快活。

世界上没有一种关系是永恒不变的，朋友之间的关系也不例外，它既是一种随时可以改变的关系，又是一种很难真正确定的关系。如果我们忽略了交友的距离，就免不了会使朋友之间轻松自如的关系变得紧张、有压迫感。

聊天心理学

空间距离是维持朋友关系最重要、最微妙的因素，一旦空间被挤压、被侵占，友谊的大厦就会倒塌。

克服自身敏感，学会理解他人

在我们身边，总有一些人交往起来让人感觉如履薄冰。别人无意的一句话都可能让他们听出敌意；别人说话轻了、说话重了都会让他们郁闷很久。这样的人感情特别脆弱，神经总是绷得特别紧，我们称之为“敏感”。

比如，面对被人批评这件事，虽然大多数人还是能够接受建设性的批评，但是敏感的人却对所有批评都表现得深恶痛绝。不管遇到什么情况，只要别人做出哪怕是最轻微的批评，他们都会变得神经紧张，说你是在找他们的碴。

在每周一次的例会上，领导因为 W 姑娘在数据核算上的一个失误而白白搞丢了一个利润很高的项目，当众批评了她。

散会后，同事 A 恰好从 W 身边经过，只是不经意地多看了她一眼，却惹得生性敏感的W一通无端的猜忌，“A是不是在嘲笑我丢了项目？”“A为什么要用同情的眼光看我，我是需要同情的人吗？”

于是，整整一天，W姑娘被焦虑和多疑淹没，将自己和周围的一切都隔绝开来。

其实，由于这位W姑娘害怕被批评，因此在平时的工作中就经常表现得非常谨小慎微，为了不去犯哪怕是最小的一个错误，她总是需要反反复复地检查。

虽然这确实能够降低她遭受批评的可能性，可是她所消耗的时间也往往会拖累整个团队。更糟糕的是，每当需要她做出决定的时候，她总是支支吾吾、犹豫不决。

学会理解他人以及我们的情绪反应，不仅能更好地理解周围的人，还能给自己的心灵带来更大的宽慰。

就像朋友间难得的聚餐，大家觥筹交错间你一言我一语聊得正欢，你却为任何可能涉及自己缺点的话语而忧虑重重。朋友察觉到你的异样，以为是饭菜不合你的胃口，以为是你的工作遇到麻烦，于是别人在一起欢声笑语，你却被排挤到孤独的世界里胡思乱想。结果，这次聚餐伴随着人家的热情拥抱和对你的不解而结束，纵使你也有委屈，却再也改变不了别人给你贴上的标签。

其实，敏感就是低自尊的表现，而敏感之人之所以敏感，往往与早年的心理创伤没有处理好有关，一旦遇到某种可能引发创伤的类似刺激，他们就会表现出夸大、逃避或反击。比如，有人从小就因为个子矮而被人打击、嘲笑，由此产生无助感、弱小感，即便成人以后，他仍然可能对此表现得特别敏感。

或许每个人周围都有一个特别敏感的人，但是你又不能忽视这样的人，不得不同他们打交道，而且也许你就是那个特别敏感的人，那么该如何对待自己或是他人的这种“敏感”呢？

首先，当你与过于敏感的人相处时，态度一定要和善一些，注意方式方法。

其次，你可以先就他们已经完成的工作给予肯定，夸上一两句，再就可以改进的地方，提出一些建议。

最后，学会理解他人，可以从他人的需求角度去看待事情，而不是总是站在自己的角度考虑问题，从而忽略别人的感受。

另外，如果你是敏感的人，当你感受到周围人的情绪时，一定要保持冷静，这可以帮助你更好地解决问题。

很多时候，粉碎幸福感的往往不是成堆的工作、复杂的人际关系，而是一个人敏感又脆弱的玻璃心。一些看似微不足道的小敏感，往往能毁掉原本属于你的幸福。

聊天心理学

其实，敏感就是低自尊的表现，当你与过于敏感的人相处时，态度一定要和善一些；先给与夸奖，再提出建议。

表达得当，忠告也会顺耳

在我们向他人提出忠告时，一定要讲究方式方法，特别是要注意语言表达方式，使忠言听起来不逆耳，这样才能不伤害他人的自尊心，让他人欣然接受，最终达到忠告的目的。

汉天汉二年（前99），正当司马迁全身心地撰写《史记》之时，却遇上了飞来横祸，这就是李陵事件。

这年夏天，武帝派自己宠妃李夫人的哥哥、贰师将军李广利领兵讨伐匈奴，另派李广的孙子、别将李陵随从李广利押运辎重。李广带领步卒五千人出居延，孤军深入浚稽山，与单于遭遇。匈奴以八万骑兵围攻李陵。经过八昼夜的战斗，李陵斩杀了一万多匈奴，但由于他得不到主力部队的后援，结果弹尽粮绝，不幸被俘。

李陵兵败的消息传到长安后，武帝本希望他能战死，后听说他却投了降，愤怒万分，满朝文武官员察言观色，趋炎附势，几天前还纷纷称赞李陵的英勇，到了这个节骨眼上又开始你一言我一语地指责李陵的罪过。汉武帝询问太史令司马迁的看法，司马迁一方面安慰武帝，一方面也痛恨那些见风使舵的大臣，尽力为李陵辩护。他认为李陵平时孝顺母亲，对朋友讲信义，对人谦虚礼让，对士兵有恩信，常常奋不顾身地急国家之所急，有国士的风范。司马迁痛恨那些只知道保全自己和家人的大臣，他们如今见李陵出兵不利，就一味地落井下石，夸大其罪名。他对汉武帝说："李陵只率领五千步兵，深入匈奴，孤军奋战，杀伤了许多敌人，立下了赫赫功劳。在救兵不至、弹尽粮绝、走投无路的情况下，仍然奋勇杀敌，就是古代名将也不过如此。李陵自己虽陷于失败之中，而他杀伤匈奴之多，也足以显赫于天下了。他之所以不死，而是投降了匈奴，一定是想寻找适当的机会再报答汉室。"

司马迁的意思似乎是贰师将军李广利没有尽到他的责任。他的直言触怒了汉武帝，汉武帝认为他是在为李陵辩护，贬低劳师远征、战败而归的爱妃李夫人的哥哥李广利，于是下令将司马迁打入大牢。

司马迁被关进监狱以后，案子落到了当时名声很臭的酷吏杜周手中，杜周严刑审讯司马迁，司马迁忍受了各种肉体和精神上的残酷折磨。面对酷吏，他始终不屈服，也不认罪。司马迁在狱中反复不停地问自己："这是我的罪吗？这是我的罪吗？我一个做臣子的，就不能发表点意见？"不久，有传闻说李陵曾带匈奴兵攻打汉朝。汉武帝信以为真，便草率地处死了李陵的母亲、妻子和儿子。司马迁也因此事被判了死刑。

据汉朝的刑法，死刑有两种减免办法：一是拿五十万钱赎罪，二是受"腐刑"。司马迁官小家贫，当然拿不出这么多钱赎罪。腐刑既残酷地摧残人体和精神，也极大地侮辱人格。司马迁当然不愿意忍受这样的刑罚，悲痛欲绝的他甚至想到了自杀。可后来他想到，人总有一死，但"死或重于泰山，或轻于鸿毛"，死的轻重意义是不同的。他觉得自己如果就这样"伏法而死"，就像牛身上少了一根毛，是毫无价值的。他想到了孔子、屈原、左丘明和孙膑等人，想到了他们所受的屈辱以及所取得的骄人成果。司马迁顿时觉得自己浑身充满了力气，他毅然选择了腐刑。面对最残酷的刑罚，司马迁痛苦到了极点，但他此时没有怨恨，也没有害怕。他只有一个信念，那就是一定要活下去，一定要把《史记》写完，"是以肠一日而九回，居则忽忽若有所亡，出则不知所往。每念斯耻，汗未尝不发背沾衣也。"正因为还没有完成《史记》，他才忍辱负重地活了下来。

从故事中我们不难看出，仅有为别人着想的良好愿望还不行，忠告也需要有技巧，否则不但达不到预想的效果，还很容易激怒对方，对自己产生不利影响，甚至危及自身的生命安全。

俗话说："忠言逆耳。"太直接地劝说别人，常常让人心生尴尬、不快，不仅可能达不到劝说的效果，还可能会伤及双方颜面。我们可以换种方式，或做比喻，或讲故事，让原本硬邦邦的直接劝说方式变得温和一些，这样的做法更容易让“忠言”顺耳。

在给予他人忠告时，假如能够注意忠告的三个要素，你的忠告就会被人接受，忠言听起来也就不会逆耳了。

1. 不要用比较的方式提出忠告

就是不要以事与事、人与人相比较的方式提出忠告。因为此时的比较，往往是拿他人的长比对方的短，这样很容易伤害对方的自尊心。

一位母亲这么忠告自己的儿子：“我说小飞，你看隔壁家的枫枫多有礼貌，多乖！你和人家同年生，你还比他大两个月，你要好好向他学习，做个好孩子！”

儿子听了母亲的话，或许会一言不发，但他内心的真实想法是：“哼，整天说枫枫这也好那也好，干脆让他做你的亲生儿子好了！”

这样一来，儿子的自尊心受到了伤害，母亲的忠告反而起到反效果。

2. 给人忠告要谨慎行事

说到底，忠告是为了对方，为对方好是忠告的根本出发点。由此，要让对方明白你的一番好意，就必须谨慎行事，不可疏忽大意、随便草率。此外，给人忠告时，态度一定要谦和诚恳，用语不能激烈，也不要过于委婉，否则对方就会产生反感情绪。由于用语激烈，对方就会认为你趁机教训他；言语过分委婉，对方就会认为你假惺惺。

3. 给人忠告要选择适当的时机和场合

当你的下属尽了最大努力而最终没有将事办好时，此时最好不要向他们提出忠告。假如你这时不合时宜地说“假如不那样就不会这么糟了”之类的话，即使你指出了问题的要害且句句在理，而下属心里却会产生“你没看见我已经拼命努力过了吗？”的反感，这时，忠告的效果当然不会好。相反，假如此时你能说几句“辛苦你了”“你已做了最大努力”“这事的确比较难办”之类的安慰话，然后再与下属一起分析失败的原因，最终下属就会欣然接受你的忠告。

此外，在什么情形下提出忠告也很关键。原则上讲，提出忠告时，最好采取“一对一”的方式，千万不要当着他人的面向对方提出忠告。因为这样做，对方就会受自尊心驱使而产生抵触情绪。

人是一种感情动物。一般人很容易受感情的支配，即使内心有理性的认识，但仍然容易受反感情绪的影响而难以听进忠言。

忠告，对于帮助他人和建立真诚的人际关系，起着难以替代的重要作用。可以这样讲，不能给予他人忠告的人不是真诚的人，因为这样的人不会将自己的真实感受告知对方。

我们应欢迎他人的忠告，更应该给人以忠告。实际上，一般人都讨厌忠告，忠告听起来总是不那么顺耳。究其原因，就是由于说者言语表达不当的结果。

聊天心理学

我们可以换种方式，或做比喻，或讲故事，让原本硬邦邦的直接劝说方式变得温和一些，这样的做法更容易让“忠言”顺耳。

适当示弱，让对方放松警惕

谈判中，我们说话不可太强硬，要想让谈判结果朝着我们希望的方向发展，就需要学会适当示弱，激发起对方的同情心，令其放松警惕的心理，此时，我们就掌握了谈判的主动权，谈判结果不言而喻。

因为，同情弱者是人性天生的弱点，再铁石心肠的人，内心也有颗同情的种子。现代社会，无处不存在谈判。谈判过程中，我们也可以抓住人们这一共性心理，在言语上适当示弱，在对方放松警惕心理时，再提出我们的要求，达到谈判目的也就容易得多。

那么，谈判中，我们该怎样用语言示弱，从而操控对方的同情心呢？

1. 扬人之长，揭己所短

这一心理策略的目的是使交易重心不偏不倚，或使对方获得一种心理上的满足，从而达到目的。

有个人非常善于做皮鞋的生意，在相同的时间里别人卖一双，他却可以卖几双。一次别人问他生意有何诀窍，他笑了笑说："要善于示弱。"他举例说："有些顾客到你这里来买鞋子，总是东挑西拣到处找漏洞，把你的皮鞋说得一无是处。顾客总是头头是道地告诉你哪种皮鞋最好，价格又适中，式样与做工又如何精致，好像他们是这方面的专家。这时，你若与之争论毫无用处，他们这样评论只不过是想以较低的价格把皮鞋买到手。这时，你要学会示弱，比如，你可以恭维对方确实眼光独特，很会选鞋挑鞋，自己的皮鞋确实有不足之处，如式样并不时尚，不过较稳罢了，鞋底不是牛筋底，不能踩出笃笃的响声，不过，柔软也有柔软的好处。你在表示不足的同时也可借此机会从侧面赞扬一番鞋子的优点，也许这正是他们看中的地方促使他们动心。顾客花这么大心思不正是表明他们其实是很喜欢这种鞋子的吗？善于示弱，既满足了对方的挑剔心理，又使生意很快做成，这就是卖鞋的妙招。”

这里，这位商人之所以生意兴隆，主要是因为他抓住了客户爱挑剔的心理，懂得示弱。客户挑剔鞋子，实际上是满意鞋子存在的某些优点，如果我们面对客户的挑剔采取反驳的态度以证明产品的可靠性，此时，我们或许保住了产品的名誉，但却失去了一个客户。同样，在谈判中，如果我们死守自己的立场，不肯示弱的话，估计面临的不是谈判的僵局就是以失败告终。

2. 硬话软说，不卑不亢

其实，我们所说的示弱并不是真的在示弱，也并不是非得流眼泪才能博取对方的同情，只不过是一种说话的技巧，以达到你的谈判目的。在生活中，我们常常会听老人们这样说：“软刀子更扎人！”也就是说，在谈判过程中，我们要硬化软说，同时，我们的态度要不卑不亢。

有位教师，教学科研成绩突出，各项条件具备，但职称总评不上，原因是他与校领导关系不好。此君上告到上级主管领导处，虽然竭尽所能博取领导对自己处境的同情，但仍收效不大，这位领导听后反而推辞说：“评不上是你学校的问题，学校不上报，我又有什么办法？”此君早有心理准备，于是立刻说：“如果学校能解决，我就不会来麻烦您了。我是逐级按程序反映。您是上级领导，而且又主管这方面的工作，您是有权过问的。如果您不及时处理，当出现更大的麻烦时就为时已晚。我想，只要您肯过问，您的意见他们会听的。”这番话很奏效，这位领导很快改变了态度，事情最终得以解决。

与其说是这位教师在求上级办事，不如说是在和上级谈判，他这一番话的言外之意是：“处理此事是您的责任，如果您不过问就是失职，那么，我还会向更高的上级领导反映，那时，您可就被动了。”虽然是示弱，但却显得不翠不亢，让对方不得不处理此事。

当然，现代社会，与人谈判，并不是凡事都要摆出一副可怜兮兮的样子流下几滴泪。而是当我们谈判时，应该调动听者的同情心，使对方首先从感情上与你靠近，产生共鸣。这就为你问题的解决与事情的解决打下了基础。人心都是肉长的，只要我们适度示弱，对方是会动心的。

聊天心理学

学会适当示弱，激发起对方的同情心，令其放松警惕的心理，我们就掌握了谈判的主动权，此时，再提出我们的要求，达到谈判目的也就容易得多。

说话缜密，不授人以柄

在现实生活中，许多人说话不经过大脑思考就脱口而出，常常会因为言语中出现的漏洞而被对方反将一军，或者自作聪明地认为自己掌握了话语的主动权，结果却在无意之间被对方抓住了“把柄”，最终只能以惨败收场。所以，我们不仅要善于言辞，更要会说话，努力把话说得滴水不漏，不让对方抓住“把柄”。

暑假期间，火车上十分拥挤。一位年轻姑娘中途上车，见对面两张座位上坐着三个年轻人，而旁边的座正好空着，就走过去问：“同志，这儿没人吧？”对方回答：“没有。”于是年轻姑娘放下东西，准备就座。不料，一个男青年竟突然把腿放到了座位上。姑娘一愣，问：“你这是为什么？”“因为你不会说话。”那个男青年故意刁难道：“那么，请问该怎么说？”姑娘好意请教，对方眯起眼睛装腔作势地说：“看来你是井里的青蛙，没见过多大的天地。让大哥告诉你。你得这样说：大哥，这有人吗？小妹我坐这儿可以吗？哈哈哈……”说完，便肆无忌惮地狂笑起来。姑娘脸上一阵发烧，心里很生气，但转念一想：“有道是兵来将挡，水来土掩。你耍滑嘴，我难道没口才不成？”于是姑娘说：“听你这么一说，我确实没有见过你这种独特的‘礼貌’方式。不过，你既然见过世面，又有自己独特的‘礼貌’方式，见到我，就应按你的‘礼貌’方式办事才对。”“你说怎么办？”男青年不解地问。“那还不容易？看见我来了，就该起身肃立，躬身致礼，说：‘大姐，这儿没人，小弟请你赏脸，坐这儿可以吗？’唉，可惜呀，你连自己的'礼貌'信条都做不到，还想教训别人，真是土里的蚯蚓，一点蓝天都没见过！”

在日常交际中，同样是说话，有的人由于词不达意而处处碰壁，有的人却口吐莲花而左右逢源。这是为什么呢？其实这就是言语的缜密性，前者言语不够缜密，经常被他人抓住“把柄”，后者言语谨慎小心，把话说得滴水不漏。

故事中的男青年自作聪明地卖弄口舌，没想到一番唇枪舌剑之后，他话语中的把柄却被姑娘抓个正着。最后，姑娘用短短几句话就反击了男青年的“谬论”，语气中流露着讥讽之意。出现这样的结果，就在于男青年没有使用缜密的语言，想到什么就说什么，最终掉进自己的言语陷阱里。

有时候，沟通就是一场语言的战争，谁先露出了破绽，谁就输了。因此在我们沟通的过程中，语言不仅可以为我们传情达意，而且还能够成为我们的防卫“武器”。一旦言语中有了“空子”，就给对方提供了反驳的机会，最后就有可能被对方抓住把柄。所以，为了打赢“语言”这场战役，我们需要谨慎使用每一字每一句，为自己筑起坚固的心理防卫，不让对方抓到把柄，牢牢把握“胜利”的机会。

1. 三思而后说

俗话说：“三思而后行。”说话也一样，语言经过了大脑的思考才更有说服力，而且，也能经得起对方的“检验”。所以，无论是在什么场合，面对什么人，我们都需要“三思而后说”，这样说出的言语才会显得缜密、谨慎。

2. 懂得随机应变

面对对方咄咄逼人的问题，有可能你会乱了阵脚，于是，那些不该说的便脱口而出。在这样的情况下，对方很可能会从你的话语中抓住把柄，并且伺机通过言语攻击你。因此，在面对别人的提问时，我们要懂得随机应变把答案说得滴水不漏，让对方找不到把柄。

在语言沟通中，无论是赞美他人，还是批评他人，我们都应该谨慎使用言语，把话说得恰到好处，不给对方反驳的机会，不让对方有空子可钻，以缜密的言语来影响他人的心理。

聊天心理学

谨慎使用每一字每一句，为自己筑起坚固的心理防卫，不让对方抓到把柄，牢牢把握“胜利”的机会。

在别人隐私前，管好嘴巴

现代职场，人际关系尤为复杂。我们不但要管好自己的好奇心，不打听他人的感情隐私，更要注意保护好自己的感情隐私，把工作与生活更好地分开。常言道，说者无意，听者有心。我们只有管好自己的嘴巴和耳朵，才能谨言慎行地在职场上行走，不至于因为无关紧要的流言蜚语影响前程。

近来，张亚发现办公室主任素素手上突然少了一件东西，那就是此前素素一直戴在无名指上的婚戒。原本，张亚也没有在意。那天在休息室喝咖啡时，她看到素素的无名指上有一圈白色的印记，这才意识到这圈白色的印记是摘掉戒指的原因。对于一个中年女性而言，什么理由会让她摘掉婚戒呢？张亚不由得浮想联翩。

在自己想了一段时间无果之后，张亚决定以关心的名义在合适的机会问问素素。一天中午吃饭时，张亚端着快餐盒来到独自就座的素素面前，问："主任，我可以坐在这里吗？"素素当然表示欢迎，还把自己特意准备的辣酱与张亚分享。她们有一搭没一搭地一边吃饭一边闲聊，张亚突然猝不及防地问："主任，你的戒指呢？怎么没见你戴了啊？"张亚此话一出，素素愣住了，很久才尴尬地掩饰："夏天太热了，我取下来了。"张亚依然不依不饶："看你手上的印记，戒指应该带了很多年了吧？你看看我也是的，我的戒指一取下来，就能看到明显的印记，这是从我结婚的时候一直戴了十几年的戒指。"素素不知如何应对，只好勉强笑了笑，说："我吃好了，你慢慢吃吧。"

很快，关于素素离婚的消息从张亚的嘴里流传出来，素素非常苦恼，也因此对张亚极不满意。在聘用期满后，素素找了个借口，把张亚辞退了。

张亚估计做梦也没有想到，好奇心和大嘴巴会让她失去工作。而素素呢，也因为张亚的多事，不得不面对诸多同事的关心和好奇，由此给她带来很大困扰。实际上，素素的确离婚了，但这完全是她自己的事情和他人无关。素素更愿意自己一个人面对婚姻的改变，也更愿意独自迎接新的人生阶段的到来。

生活中，很多人都有好奇心，有些人的好奇心总是过于强烈，甚至已经超过了好奇心的界限，成了偷窥欲。这些人不但对他人的生活感到好奇，而且对他人的私事也充满偷窥的欲望。当然，现代社会偷窥的可能性是相对较小的，因此他们就厚着脸皮四处打探，这样的人不得不说是惹人讨厌的。尤其是对他人感情充满偷窥欲望的人，则更加让人避之不及。

感情原本就是每个人自己的问题，其他人即使再好奇，也不应该发问。倘若张亚能够管住自己的好奇心，更不要当个大嘴巴的长舌妇，那么她也许还安安稳稳地工作呢。朋友们，张亚的教训是每个人都应该记住的，因为这样肤浅的原因失去工作无疑让人感到惋惜。

无论在哪个时代，也不管是在西方国家还是在东方国家，感情都毫无疑问属于纯私人问题。很多情况下，即使我们知道他人的感情生活出现问题，也应该出于礼貌和尊重，而佯装不曾在意。唯有如此，才能给他人更多的时间和空间，自我疗伤。或者对于他人的幸福，也应该默默祝福，而不能因为出于好意就四处宣扬。总而言之，当你开始关注他人或者干涉他人的感情生活时，你就已经迈出了不尊重他人的第一步。

聊天心理学

感情原本就是每个人自己的问题，其他人即使再好奇，也不应该发问，更不能四处宣扬。

在保全面子的前提下指出错误

科学家伽利略在300多年以前就说过："你不能教人什么，你只能帮助他们去发现。"苏格拉底也一再告诉门徒："我唯一知道的，就是我不知道什么。这就是说，最好不要直接指出人们有什么错，那是要付出代价的。"换言之，别与配偶、顾客等人发生冲突，别直接指责他们的错误，要运用一点技巧，替他们想一想，别惹恼他们。

生活中每个人都不可能没有缺点和过失。与朋友、同事相处时，不仅要在他们有了过失时批评并帮助他们，更重要的是帮助他们防患于未然。

爱面子是每个人的天性。有的时候别人也许错了，但是他们自己并不会这么认为。或者，他虽然意识到自己错了，也希望得到足够的尊重。所以轻易不要去指责别人，在对方错了的前提下也要设法保住他们的面子。尝试着去理解他们，只有真正智慧和宽容的人才能做到这一点。

在日常生活中，保全面子是一件很重要的事。为了顾及面子，有的人小则翻脸，大则会闹出人命。如果你是个对面子冷漠的人，那么你必定是个不受欢迎的人。

有的人在明知是错的情况下还要犯错误，宣传教育对这样的人是没有任何作用的。防止别人犯错误的方法只有两个：一个是让人不敢犯错误；另一个是人不想犯错误。前者是强制手段，见效很快但是难服人心；后者是沟通的艺术，见效也许不是很快但是作用力持久。

要想让一个人对自己的行为真正负责，依赖于他的自尊和良知的觉醒。那么首先要保住他的面子，以免他自暴自弃。有智慧的人都把别人的自尊放在第一位，然后才设法将事情往好的方向引导。

一天中午，一位老板到工厂进行例行检查时，看到一些员工在挂着标有“禁止吸烟”的牌子下面吸烟。没有比明知故犯更令人气愤的了，这是大多数人的心理。但是这位老板没有像大多数人那样敏感。他走到这些工人们的身边递给每个人一支烟，说：“小伙子们，如果你们能到外面去抽烟的话，就真要感谢你们了。”吸烟的人都很不好意思，知道自己违反了规则，自觉地掐灭了烟头。

老板不仅没有指责他们，反而送给他们每人一支烟。他们的自尊得到了老板的尊敬，于是更用心卖力地工作。从此以后，厂子里再也没有人吸烟了。

这个故事里的老板就是那个智慧的人。把别人的面子放在首位，这样才能把事情解决得完美。人人都有自尊心。“你能迎合我的自尊心，我自然能为你办事；你伤害了我的自尊心，我绝不会顺从你。”这是人之常情。人人都有自尊心，人人都有好胜心，你要联络感情，处处要重视对方的自尊心。

在社交活动中，适时地为陷入尴尬境地的对方提供一个恰当的“台阶”，使人免丢面子，是做人的一大原则。与人交往一定要注意给别人留面子，伤了别人的面子，不仅会树敌，而且还会给自己带来损害。

我们的音调、手势、眼神都可以用来指责别人的缺点错误，它们可以收到和言辞表达一样有力的效果。我们必须承认这样一个事实，当直接指出对方的错误时，只能引起他的反击，因为你已一拳伤害到了他们的判断、荣誉、智力和自尊，也伤害了他们的感情。

所以，假如想使你说出的话产生效果，能迅速而有效地改变另一个人的错误想法或行为，必须持尊重别人的态度。

聊天心理学

防止别人犯错误的方法只有两个：一个是让人不敢犯错误；另一个是人不想犯错误。前者是强制手段，见效很快但是难服人心；后者是沟通的艺术，见效也许不是很快但是作用力持久。

LEARN TO COMMUNICATE
WITH THE PUBLIC

第九章

会聊天的人善幽默，轻松化解尴尬气氛

打破冷场的幽默方式

化解尴尬的方法，数不胜数，但其中最好的，可能是幽默。幽默的言行，可以使陷入尴尬的人迅速走出紧张和不安，一扫灰暗的情绪，也是一个人处事冷静、机智和风趣的体现。

在美国白宫举行的钢琴演奏会上，作为白宫的主人，里根总统当然要上台致辞。然而，正当他讲话讲到一半时，随同他一起坐在台上的总统夫人南希，不知道为何，突然连人带椅子一起跌落台下，在台下黑压压就座的观众们的众目睽睽之下，南希作为第一夫人简直太尴尬了。不过，南希反应很敏捷，在确定自己没有受伤之后，她马上身形矫健地爬起来，坐回座位上。看到夫人毫发无损，也没有误伤到人，里根中断演讲，笑着对南希说："亲爱的，你简直太体贴啦。不过，你忘记了我曾经告诉过你，只有在我的演讲无人鼓掌的时候，你才需要进行这样的表演，帮助我博得掌声。"里根的话音刚落，现场就爆发出热烈的掌声和善意的笑声。里根的话成功地化解了南希的难堪，现场气氛反而变得更加热烈、融洽了。

面对突然发生的事件，里根镇定自若，以自己过人的胆识和智慧，巧妙地运用幽默，化解了尴尬，既保全了南希的颜面，同时也使现场的气氛活跃和热烈起来，让在场的每一个人从因为事件可能导致的沉闷和担心中走出来，轻松愉快地欣赏接下来的演奏。

作为大名鼎鼎的钢琴家，波奇有一次前往密歇根的弗林特进行演出。但是，这次演出很尴尬，显然这里的观众们并不热衷于欣赏钢琴演奏，因而到场的人稀稀落落，至少有一半以上的座位都空着。看到此情此景，波奇真的非常失望。但是他很清楚，如果他任由失望的情绪发展下去，就会影响他接下来的演奏。因而，他放松心情，走到舞台中央，对着台下的观众深深地鞠了一躬，说："看来，弗林特是一个非常富裕的城市啊！"听到他这无厘头的话，观众们感到很惊讶，沉默不语。这时，波奇又接着说："我发现，你们每个人都买了三张票，所以现场才会这么安静。让我们都拥有良好的环境，尽情享受这一刻的相聚。"说完这句话之后，不但现场观众给予波奇热烈的掌声，就连波奇自己的心情也变得好起来了。最终，他圆满地完成了这次演奏，博得了观众的一致赞许和认可。

作为一个表演者，观众爆满肯定是对自己最好的肯定，看到大部分空着的座位，波奇心里肯定会有失望，但是，他是一个幽默风趣的人。这种表演前的自娱自乐，不仅是一种调节自己情绪的自我安慰法，也是一种调动观众积极欣赏表演的互动。

幽默，是调剂生活最好的调味品，一个懂得并善于运用幽默的人，才能更好地享受生活，才能从容地面对生活中很多意外的尴尬和难堪，迅速化解凝滞的气氛。如果处理不当，事情就会沿着坏的路线迅速恶化。因此，掌握好幽默，是每个人的社交生活必不可少的绝技。

聊天心理学

一个懂得并善于运用幽默的人，才能更好地享受生活，才能从容地面对生活中很多意外的尴尬和难堪，迅速化解凝滞的气氛。

软化攻击的幽默技巧

一个人会不会“说话”，并不是看他能否口若悬河滔滔不绝。说话的根本目的在于表达沟通。所以，一个人到底会不会“说话”，最重要的是说话的方式与表达的技巧。幽默的话语能够有效地润滑和缓解矛盾，调节人际关系，给人带来欢乐或以愉快的方式娱人。话说得恰到好处，说得能打动人心，你就是一个会“说话”的人。

善于言辞的人知道怎样用幽默的语言让原本的对立者接受自己的观点，怎样在摩擦中注入几滴润滑剂而不致碰得火星四溅，怎样将枯燥无味的气氛变得轻松融洽。

幽默的话语不仅可以用在化解冲突之时，也可以用在安慰沮丧之时。在日常生活中，朋友之间把幽默的言语作为一种调料用以安慰，是温暖人心的一大法宝。

现代人的生活压力是很大的，我们经常面对很多烦恼和痛苦，使人不堪承受。幽默的话语给我们带来了笑声，使我们有了缓解压力、改变心境的可能。与此同时，在欢乐之中，也向人们展示了无穷的智慧。

伶牙俐齿、巧舌如簧能够使人在唇枪舌剑的辩论中纵横不倒。

倘若能将幽默运用到你的辩驳之中，则更能避免直接驳斥带来的激烈争执，帮你给对手一个不失风度的漂亮回击。

法国著名作家莫泊桑因文笔太过犀利，常常遭到一些傲慢贵族的奚落。一次，一位骄傲自大的公爵夫人在与他攀谈时说："说真的，你的小说没什么了不起，不过，你的胡子倒是很好看，你为什么要留这样一个大胡子呢？"

面对这样无理的提问，莫泊桑没有生气，而是淡淡地答道："这个大胡子至少能给那些对文学一窍不通的人一个赞美我的理由。"

以莫泊桑在小说中表现出的机智幽默，倘若仅仅是争论"莫泊桑的小说是否优秀"这个问题，那位公爵夫人肯定不会是这位文坛巨匠的对手。但倘若莫泊桑当真奋力为自己的小说辩护，只能让众人觉得莫泊桑没有风度，甚至认为他是一个十分自负的家伙。所以莫泊桑选择了以带有幽默的反讽来表达自己的不满，"暗地里"给了傲慢的贵夫人一个漂亮的回击，让对方来结束这场令自己不愉快的谈话。

莫泊桑的还击是含蓄而锋利的，犹如绵里藏针，而有的幽默还击则更为直接和辛辣。

孔融10岁的时候，随父亲到洛阳去。他们到当时名气很大的司隶校尉李元礼家去做客。到他家去的人，都是那些才智出众或有清高称誉的人。孔融小小年纪应对自知，李元礼和他的那些宾客均称奇。

太中大夫却说："小时了了，大未必佳。"意思是小的时候很聪明，长大了未必很有才华。孔融听后说："想君小时必当了了。"意思是我猜想您小的时候一定很聪明吧。

孔融巧妙地利用太中大夫的话来逆推，有力地进行了一次漂亮的反击。正所谓“以其人之道，还治其人之身。”

很多时候，正面对抗或者回避问题，往往会引起怨恨或者使沟通和交流发生中断，而采取幽默的语言却能够非常巧妙地面对对方的挑衅，化解社交中遇到的难题。

面对他人的挑衅，幽默能让人以积极的心态，乐观的情绪迎接挑战。用一种幽默的方式思考问题，能够启示对方并与对方更好地沟通，赢得对方的理解和信赖。

德国著名诗人歌德也是一位十分善于运用幽默反击对手的人。

有一次，歌德在散步时迎面走来了一位反对他的批评家。两人所走的街道非常狭窄，必须要有一位侧身相让，才能让另一位顺利通过。

这位批评家以其一贯的傲慢姿态对歌德说：“你要知道，我这个人是从来不给傻瓜让路的！”

面对如此奚落，歌德却依然从容镇定，并笑着说：“而我却恰恰相反。”说完便侧过身去，让批评家先行。

试想一下，倘若歌德以同样的无礼言语回应批评家，两人免不了发生一场不愉快的争执。要这样的话，无疑是有损歌德形象的。所以，歌德用顺势接过的一句话，既达到了反击对方的目的，又封住了对方的嘴，将一场风波化解了。如此巧妙的幽默，比起莽撞的争吵，自然更胜一筹。

幽默不仅能够以含蓄、婉转的力量帮助讲话者达到最佳的目的，而且在讽刺、攻击别人之时，也会让你的语言更加锋利，让人觉得辛辣异常。生活中难免会遇到有人故意制造难题，对人诋毁挑衅，遇到这样的事情，幽默不仅是我们用于进攻、打击对手的有力武器，还可以让我们在反击对方的同时，能够自始至终地保持自己的风度。

聊天心理学

倘若能将幽默运用到你的辩驳之中，则更能避免直接驳斥带来的激烈争执，帮你给对手一个不失风度的漂亮回击。

扩大影响力的幽默艺术

幽默，是一门魅力无穷的艺术。幽默用它特有的魅力吸引着无数人，使人们为之倾倒。世界各国的人都以其特有的方式体现着他们的幽默智慧。

有一次，台湾著名电视节目主持人凌峰接受另一位电视节目主持人侯玉婷小姐的邀请做节目嘉宾。

节目主持人介绍他出场，然而凌峰一出场，就摘下帽子露出发亮的光头向观众深深一鞠躬之后说："各位朋友大家好，在下凌峰。"说完转身对着侯小姐说，"侯小姐，我很高兴见到你，而你是又很不幸地见到我了。"

观众笑了，接着主持人立刻回答："请你谈一下作为著名节目主持人的感觉怎么样？"

凌峰说："我觉得我的先天条件要比别人好，男性观众见到我都会自命不凡（这时台下响起了掌声笑声），你看看！鼓掌的人都觉得他们长得比我帅！"

接着他又说:“我是生长在中国台湾的山东人，南人北相，而且我看起来一脸沧桑，似乎中国五千年的苦难都写在我脸上了，所以大江南北的同胞都偏爱我。”

观众笑的原因在哪里，就是因为凌峰掌握了幽默的艺术，一出场就用他机智风趣的谈吐营造了一种欢娱的气氛。人的幽默感是心智成熟、智能发达的标志，是建立在人对生活公正、透彻的理解之上的。理解生活应当说是高层次的能力，在此基础上，才能形成更好的生活能力。

通常从某种意义上说，培养自己的幽默感，也就是培养自己的处世、生存和创造的能力。有较强生活能力的人，通常也是一个有影响力和感染力的人。

影响力，通俗地解释就是影响他人的能力。政治家运用影响力来赢得选举，商人运用影响力来兜售商品，推销员运用影响力诱惑你乖乖地把金钱奉上。即使你的朋友和家人，不知不觉之间，也会把影响力用到你的身上。

齐景公在位时刑罚严苛，许多人惨遭砍脚的酷刑，百姓怨声载道。于是，晏子想找机会劝谏他。

一天，齐景公派晏子到集市上看什么东西卖得最好。晏子回来后对齐景公说:“假脚卖得最好，鞋子卖得最差。”

齐景公差异地问:“这是为何?”

晏子回答说:“很多人遭受砍脚的刑罚，所以鞋对他们而言，已经派不上用场。而买假脚走路才是正事。”

齐景公听后幡然醒悟，于是下令废除了“砍脚”的酷刑。

一个掌握了幽默艺术的人，他的幽默语言和行为会一传十、十传百，成倍地扩展。如果幽默的语言行为中有他的思想、观点，那么，就会有很多人来传播他的思想、观点。幽默的涟漪或效果一旦产生，你所要传达的信息也随即被他人接受。无论他人是反对还是支持，至少他已了解了你的想法，于是你的影响便由此而产生。

构成一个人的影响力的因素很多，其中幽默是一个不可忽视的组成。可以这么说，一个人是否有影响力，在一定程度上取决于他是否具有幽默感，是否掌握了幽默的艺术。

彰显智慧的幽默风格

众所周知，在美国政坛中，每个政客都需要接受幽默的训练，以便在演讲与辩论中抓住听众的心，同时，展现自己的睿智。甚至，在美国，人们都有这样一种潜意识：在美国政界，一个不具备幽默感的人是不配从政的。

在生活中，我们也经常会被这样的人所吸引：他们平时看起来沉默寡言，言语不变，但是，一开口就博得满堂彩，因为他们说话很幽默、很风趣。如此话语不多但懂得幽默的人，他们往往充满了智慧。

汉武帝晚年非常希望自己能长生不老。有一天，他与侍臣东方朔闲聊：“相书上说，一个人鼻子下面的人中越长，寿命就越长；人中长一寸，能活一百岁。不知是真是假？”东方朔听了这话，知道皇上又在做长生不老之梦，脸上露出一丝讥讽的笑意。皇上见东方朔似有讥讽之意，喝道：“你居然敢笑话我？”

东方朔毕恭毕敬地回答：“我怎么敢笑话皇上呢？我是在笑彭祖

的脸太难看了。”汉武帝问：“你为什么笑彭祖呢？”东方朔说：“据说彭祖活了八百岁，如果真像皇上所说，人中长一寸就活一百岁，彭祖的人中就该有八寸长了，那么，他的脸岂不是太难看了吗？”汉武帝听了，不禁哈哈大笑起来。

在这个故事里，东方朔以幽默的语言，用笑彭祖的办法来劝皇帝。整个批驳过程言语不多，但机智幽默，风趣诙谐，令怒不可遏的皇帝转怒为喜，并且愉快地接受了东方朔的看法。由此可见，幽默具有一种特性，一种引发喜悦、以愉快的方式娱人的特性，它更是一种有效的说服方法。

在平日生活中，有朋友做错了事情，你不妨幽默一下：“来！谁怕谁，乌龟怕铁锤，蟑螂怕拖鞋。大家一起来！让我们想想看，有什么方法可以解决这个问题！”一下子就将紧张的气氛缓解了，这时，幽默代表着一个人对危机的处理能力以及智慧的反应，它使得一个人更显睿智的魅力。

那些言语不多、说话幽默的人到底有哪些智慧呢？

1. 幽默者有较高的观察力和想象力

说话幽默者具有反应迅速的特点，那么，幽默者必须思维敏捷、能言善辩。幽默者只有具备了较高的观察力、想象力，才能对生活中或身边的人和事观察细致入微，才能在说话的过程中灵活地运用比喻、夸张等幽默的话语方式。

2. 幽默者有较高文化修养和语言表达能力

如果一个人了解和掌握了有关古今中外、天南海北、历史典故、风土人情等各种各样的知识，那么再加上丰富的词汇、灵活多样的语言表达方式，这样他讲起话来就会得心应手，说出的话自然就更加活泼、生动有趣。

3. 幽默者具有高尚的情趣和乐观的信念

一般来说，幽默的语言是建立在一个人有较高的思想境界和较高的涵养上。如果他心胸狭窄、思想颓废，那么，他是不会懂幽默的。恩格斯曾经说过："幽默是表明人对自己事业具有信心并且表明自己占有优势的标志。"因此，幽默永远是属于那些拥有热情的人，属于那些生活的强者。

一个人的智慧决定其幽默风趣的说话方式，而幽默的语言风格更使一个人绽放出智慧的色彩。幽默是智慧的迸发，是善良的表达，更是人际交往的润滑剂。不可否认的是，幽默的智慧让一个人看上去更显睿智。一个充满智慧的人，不一定懂得幽默，但一个言语不多却幽默的人，他无疑是充满智慧的。

聊天心理学

幽默的智慧让一个人看上去更显睿智。一个充满智慧的人，不一定懂得幽默，但一个言语不多却幽默的人，他无疑是充满智慧的。

一举数得的幽默批评

曾经，有位年轻的文学爱好者，对文学满怀热情，但是始终投稿不被采用。思来想去，他决定走"捷径"，居然渐渐养成了抄袭他人作品的坏习惯。有一次，他拿着一首诗来到某杂志社，找到主编问道：“主编我这首诗写得很好，您能帮我发表吗？”主编看完诗之后，笑着问：“年轻人，这首诗的确很好。不过，这首诗是你写的吗？”年轻人信誓旦旦地说：“当然。这首诗的每句话，每个字，都是我写的。为了写这首诗，我呕心沥血，废寝忘食，您看我的头发都白了呢！”说着，他还指了指自己头上的几根白发。

这时，主编站起身来，毕恭毕敬地说：“莎士比亚先生，我一直拜读您的大作，还以为您已经仙逝了呢！今日万分荣幸得见您的真容，我简直太高兴了。”看着主编伸出来准备握手，年轻人羞愧得满面通红，赶紧拿着诗灰溜溜地走了。

在这个事例中，主编并没有明确指出这个年轻人的诗作是抄袭莎士比亚的，而是当即毕恭毕敬地站起来，与“莎士比亚”握手。这表面看起来是尊重，其实是在讽刺年轻人抄袭已经去世的莎士比亚的作品，最终让年轻人羞愧得满脸通红。如此幽默的批评方式，避免了直接与年轻人发生冲突，也起到了良好的批评效果。

以幽默的方式批评他人，不但能够顾全对方面子，不伤和气，而且效果显著，还能表现出我们的风趣机智，可谓一举数得。不过需要注意的是，以幽默的方式批评他人也要讲究度，对于自尊心特别强的人，他也许会把你的幽默风趣当成是恶意的挖苦讽刺，因而必须适度才能达到预期的效果。而且，理解能力不强的人甚至还会误解你的意思，所以要根据他人的理解能力酌情使用幽默批评的方式。

法国著名的演讲家雷曼麦曾经说过：“用幽默风趣的方式阐述真理，更加能够衬托真理的严肃，比直接提出更能让人心甘情愿地接受。”如果说传统的教育方式是在走直线，那么幽默的批评则是曲线救国。

幽默批评的方式，不仅适用于成年人之间，也同样适用于孩子，而且能够很好地保护孩子的自尊心。

巧巧是三年级的语文老师，三年级的孩子正值调皮捣蛋的时候，巧巧几乎每天都在声色俱厉地批评孩子，但是当看到孩子因为遭到批评蔫头耷脑时，又觉得于心不忍。思来想去，她决定换种方式。

这一天，马小跳利用课间十分钟，与同学追逐打闹。当看到巧巧朝着教室走来时，他一时心急，居然用两只手撑住桌子，突然腾空跳起，猛地两腿分开坐在椅子上。

看到这样的情形，巧巧既惊又怕又生气，但是她控制住怒气，走到讲台上清了清嗓子，拖长腔调说："同学们，看来我们班马上就要出位名人啦。2004年，刘翔成为举世闻名的跨栏王。依我看，2012年的跨栏王必将在你们之间诞生。看看马小跳同学吧，你们就知道老师说的话是有道理的。马小跳同学利用课间时间，勤学苦练跨栏和奔跑速度，只要他能坚持不懈地练习下去，老师相信他一定能赶上2012年的伦敦奥运会，并且为国争光。但是，老师必须提醒你的是，在教室跨栏是特别危险的，一旦跌倒摔伤，非但无法成为跨栏王，还很有可能只能参加残奥会。"

听了巧巧的话，全班同学哄然大笑，马小跳也笑起来，随即又羞愧地低下头。从此之后，再也没有同学在教室里进行危险的跨栏活动了。

虽然孩子年纪尚小，但是也是很讲自尊的。在批评孩子时，老师如果能够采用幽默的方式，则不但能够保护孩子的自尊，而且效果也更加显著，还能表现出老师除了严肃还有幽默风趣的一面，能够拉近师生之间的心理距离。

当错误涉及必须严格遵守的原则，严厉批评是必不可少的，这样才能让人牢牢记住原则，不再触犯。然而，生活中的大多数错误都无关紧要。在这种情况下，如果我们还是声色俱厉地批评他人，则非但无法起到很好的教育作用，反面会导致对方觉得丢了面子，产生逆反心理，最终更加与你的初衷背道而驰。在这种情况下，如果你能以宽容的心态，充满智慧地用幽默的方式委批评，则效果会好得多。

聊天心理学

用幽默风趣的方式阐述真理，更加能够衬托真理的严肃，比直接提出更能让人心甘情愿地接受。

直言曲说的幽默拒绝

玛丽抱怨她的丈夫说：“你看邻居 W 先生，每次出门都要吻他的妻子，你就不能做到这一点吗？”丈夫说：“当然可以，不过我目前跟 W 太太还不太熟。”

玛丽的本意是要她的丈夫在每次出门前吻自己，而丈夫却有意地曲解为让他吻 W 太太，委婉地表达了自己不愿意那样做的本意。直接拒绝别人很容易伤害对方，甚至造成许多误解，破坏彼此间的感情。但是利用幽默，巧妙拒绝，却能使很多问题迎刃而解。

用幽默的方法拒绝别人，既可以缓解紧张的氛围，又不会影响彼此的感情。

有位员工代表向老板谈加薪的问题，并使出了眼泪战术，苦苦哀求道："老板请你一定要帮帮忙，现在这点薪水我实在无法和我太太继续在一起生活下去呀！"上司回答说："好吧！那么我会出面来说服你太太，要她跟你离婚的。"

在拒绝别人时，采用幽默的方式不但不会伤害到对方，而且还可以避免不必要的尴尬。下面的例子很有借鉴意义：

大个子瑞克是一位被公司冷落的老主任。有一天，某部门经理拍着他的肩膀说："瑞克，你看是不是要早日把你的职位让给年轻人？"

"好啊！就这么办！"

"唉！你愿意？"

"是啊！不过俗话说，'鸟去不浊池'，所以我有一个请求，希望能让我把正在进行的工作彻底做好再走。"

"哦！这是理所当然的。不过，你那个工作预计什么时候可以完成呢？"

"我想，大概还要10年。"

在工作当中，如果不懂得拒绝的技巧，往往会吃亏上当。生活中也是，当我们想要拒绝对方，不妨采用幽默的方式，使双方都有台阶可下，而不至于使气氛变得紧张，关系出现裂痕。

聊天心理学

当我们想要拒绝对方，不妨采用幽默的方式，使双方都有台阶可下，而不至于使气氛变得紧张，关系出现裂痕。

LEARN TO COMMUNICATE
WITH THE PUBLIC

第十章

会聊天的人懂赞美，轻松赢得对方喜欢

赞扬之于人心，犹如阳光之于万物

有位著名企业家曾经这样说："人都是活在掌声中的，当部属被上司肯定，他才会更加卖力地工作。"法国的拿破仑就非常知道赞美的力量，而且他也具有高超的统率领导艺术。他主张，对士兵要"不用皮鞭而用荣誉来进行管理"。他认为：一个在伙伴面前受到体罚的人，是极其不情愿为你效命疆场的。为了激发和培养士兵的荣誉感，拿破仑对每一位立过功的士兵都加官晋爵，而且会在全军进行广泛的通报宣传。通过这些赞美和变相赞美，去激励士兵勇敢地战斗。由此可见，打动别人的最好方式就是欣赏和赞美。

有时，懂得赞美对方，维护和提高对方的地位，可以有效地缓解与对方的关系。因为，当我们真诚地赞美别人时，对方也会由衷地感到高兴，并对我们产生一种好感。所以，要想缓和增进双方的关系，拉近彼此的距离，不妨对其使用真诚的赞美。

美国历史上有一个年薪百万的管理人员名叫史考伯，是美国钢铁公司的总经理。有记者曾经这样问他："您的老板为何愿意一年付给您超过一百万美元的薪水呢？您到底有什么本事拿到这么多的钱？"史考伯回答说："我对钢铁懂得不多，但我最大的本事是能让员工鼓舞起来。而鼓舞员工的最佳方法，就是表现出对他们真诚的赞赏和鼓励。"可以这样说，史考伯就是凭着赞美他人的高超本领而年薪超过一百万美元的。有趣的是，史考伯到死也没有忘记赞美人。他在自己的墓志铭上写道："这里躺着一个善于与那些比他更聪明的下属打交道的人。”

爱听赞美的话是人的天性，人人都喜欢正面刺激，不喜欢负面刺激。倘若在人际关系中人人都乐意赞美他人，善于夸奖他人的长处，那么人际交往间的愉快也将会大大增加。

为了让我们的人际关系更加和谐，请不要吝啬你的赞美，多给予你身边的人一些由衷的赞美吧！

赞美是一种说话的艺术，运用得当，会使被赞美者心情愉悦；而作为赞美者自己，也能从赞美他人的过程中感受到快乐。

韩国某大型公司的一个清洁工，本来是一个最被人忽视，最被人看不起的角色，但他在一天晚上公司保险箱被窃时，与小偷进行了殊死搏斗。事后，有人为他请功并问他的动机时，答案却完全出人意料。他说：“当公司的总经理从他身旁经过时，总会不时地赞美他‘你扫的地真干净’。”就是这么一句简简单单的话，使这个员工深受感动，并“以身相许”。

人，总是希望得到他人的赞美。无论是咿呀学语的孩子，还是白发苍苍的老人，都会希望获得来自社会或他人的得当赞美，从而让自己的自尊心和荣誉感获得满足。

“赞扬能使羸弱的躯体变得强壮，能给恐惧的内心以平静和信赖，能让受伤的神经得到休息和力量，能给身处逆境的人以务求成功的决心。”这是一种曾经颇为流行的说法。实验心理学对酬谢和惩罚所做的研究表明，受到赞扬后的行为要比挨了训斥后的行为合理得多，有效得多。到底为什么赞扬能够使人类获得进一步提高，在科学上尚未完全搞清楚。不过，赞扬确实能够使人类和动物的某种能量彻彻底底地释放出来。

无论对方是孩子、妻子、丈夫，还是下属、上司、同事等，只要你通过真诚的赞扬来激励对方，给对方打气鼓励，那么对方就会自然地显示出友好和合作的态度来。赞扬之于人心，如阳光之于万物。生活中，每个人都渴望能够得到他人的赞美。这是人们出于自尊的需要。经常听到真诚的赞美，会觉得自身的价值获得了社会的充分肯定，也能使自尊心、自信心增强很多。

最有效的赞扬方法是“雪中送炭”，而不是“锦上添花”。最需要赞扬的不是早已美名天下扬的人，而是那些自卑感很强、被错当成“丑小鸭”的“白天鹅”。他们平时很难听到一声赞扬，倘若被人当众真诚地赞美了一番，尊严就可能复苏，自尊心、自信心也一定会倍增，精神面貌也会在不经意间焕然一新。对于任何一个最值得赞扬的优点，不应是他身上早已众所周知的优点，而应是那些蕴藏在他身上、尚未引起重视的优点。就是这种赞美，有助于他用智慧去开辟一个新领域，有助于他在攀登事业高峰的征途上更顺利、更快地成功。

真诚的赞美需要翔实具体。在日常生活中，能取得巨大成功的人并不多见。因此，在人与人之间的交往中，赞美别人要从工作和生活中的具体事件入手，发现他平实的长处抑或微不足道的优点，并要对此不失时机地给予一番赞美。

当然，赞美他人的语言越具体、细致越好，这说明你很在意对方，愿意花费时间和精力去了解未取得巨大成就的他，很欣赏并认同他，以及即将得到的成功。从语言中让对方感受到你的真挚、亲切和可信，从而加深你们之间的情意，拉近彼此的心灵。反之，倘若只是空泛、概括地赞美对方，则很难深入对方的心灵，也很容易引起对方的反感与怀疑，甚至产生不必要的误解和信任危机。合乎时宜的赞美中的“合乎时宜”在于适可而止。赞美合乎时宜还在于适时而做，在一件事初始的时候，赞扬当事人能激励他下决心做出成绩，当事情发展到中间阶段的时候，赞扬有益于对方再接再厉，继续做出努力。结尾时，赞扬一个人则可以肯定他的成绩，为他进一步的努力增添更多的斗志与信心。

一些不断追求成功的人，更需要这种真诚的赞美。因为这些人平时很难得到赞美，也许在成功者看来很平淡的话，在无意间便会激起他们奋进突破重围的士气。而被人当众真诚地赞美后，就有振作精神、大展宏图的可能了。

此外，赞美并不一定局限于语言，更不固守于一些词语。有时，投以赞许的目光、认可的眼神，做一个夸奖的手势、赞同的动作，送以欣赏的微笑，也会达到赞美所达不到的效果。

美国著名女企业家玛丽凯女士曾这样说：“世界上有两件东西比金钱和性更为人们所需——认可与赞美。”金钱在调动下属们的积极性方面不是万能的，而赞美却恰好可以弥补它的不足。因为生活中的每一个人，都有较强的自尊心和荣誉感。你对他们真诚的表扬与赞同，就是对其价值的最好承认和重视。而能真诚赞美下属的领导，能使员工们的心灵需求得到满足，并能激发他们潜在的才能。

我们为什么要吝啬自己的一个微笑、一句赞语呢？欣赏和赞美有那么多的好处，只要我们把握赞美的尺度，用心体会、仔细倾听，就会很容易发现生活中平凡但又美好的人和事物。请多一点理解，多一个微笑，多一些掌声，学会赞美和欣赏他人，将快乐与更多的人分享。

聊天心理学

赞扬能使羸弱的躯体变得强壮，能给恐惧的内心以平静和信赖，能让受伤的神经得到休息和力量，能给身处逆境的人以务求成功的决心。

掌握赞美技巧，缩短心理距离

莎士比亚曾经说过这样一句话："赞美是照在人心灵上的阳光。没有阳光，我们就不能生长。"心理学家威廉姆·杰尔士也说过这样的话："人性最深切的需求就是渴望别人的欣赏。"在人与人的交往中，适当地赞美对方，会增强这种和谐、温暖和美好的感情。

每天抱着宝宝出去玩耍，女人们都喜欢把宝宝打扮得漂漂亮亮的。邻居们也好，陌生人也好，见到宝宝的第一眼就会惊呼："睫毛好长！像妈妈。"听到这些话，女人心里已经升腾起一种自豪感。接着别人就会称赞宝宝的皮肤、宝宝的帽子、宝宝的性格，女人的心里自然会得意万分。

节日过后，热闹的办公室人来人往，大家都在相互寒暄，祝贺着节日的快乐，当然不乏赞美之词，这温暖的赞美如同绿草，带给办公室一份春天的感觉。同事们发觉大家的心情都开始好转了，精神觉得非常放松，心情非常愉快！其实，这正是相互赞美的魅力所在。

沉闷的办公室充满了文件和繁杂的公务。有一天，我们发现曾经让我们热爱和感兴趣的工作在不知不觉中变得让我们失去了热情，当面临越来越大的工作压力时，情绪会变得焦虑和抑郁，人会变得烦躁，经常想些不愉快的事情，对能完成的简单工作也会觉得复杂和难度增大。而在这个时候，我们内心深处会涌起一种热望，即渴望被关心和赞美。

从社会心理学角度来说，赞美也是一种有效的交往技巧，能有效地缩短人际心理距离。渴望被人赏识是人最基本的天性，回忆我们自己的成长经历，谁没有热切地渴望过他人的赞美？既然渴望赞美是人的一种天性，那我们在生活中就应学习和掌握好这一生活智慧。

赞美是协调人际关系的好办法，不过在日常生活中人们有非常显著成绩的时候并不多见。所以交往中应从具体的小事入手，善于发现别人最微小的长处并不失时机地予以赞美。

聪明的女性都不会吝啬赞美别人，因为聪明的女性有一双慧眼，能够发现别人身上优秀的特质，也因为她们有简单、阳光的心态，她们知道赞美别人丝毫不损于自己的光彩，反而能显示出自己的豁达和自信。

世界知名化妆品玫琳凯的品牌创始人玫琳·凯，就是一位极会说话的高贵女人，她说的每一句话都会让身边的人感觉舒适、轻松和温暖。据说，在她创业初期，曾经经历过这样一件有趣的事：

一天，她与朋友一起去逛服装店，无意中听到了一个金发女孩和一个黑发女孩的对话。当时，金发女孩正在试穿一件衣服，衣服看起来很合身，很漂亮。

看着同伴穿着漂亮的衣服，黑发女孩由衷地称赞道："这件衣服真的很漂亮，只是没有刚才那件好，那件衣服的扣子太漂亮了。"

金发女孩听后很不高兴地说道："我很讨厌那件衣服，尤其是扣子，难看死了，我才不要呢！"黑发女孩本来是好心提个建议，听到同伴这样说话，看起来也有些生气。看了金发女孩一眼，噘起嘴不再说话了，两个人谁也不再搭理谁，金发女孩也把衣服放下，打算走人。

玫琳·凯把这一切都看在眼里，她笑容满面地走过去，轻声地对金发女孩说："刚才这件衣服你穿上很漂亮，尤其是衣服的领子，把你的气质衬托得很高贵，如果你再配上一条项链，那就更加完美了。"

金发女孩儿听后羞赧地一笑，低声说，"其实刚才那件的扣子也很漂亮，不过我更喜欢这件衣服的领子。"说罢，牵起黑发女孩儿的手，高兴地买下了衣服。

赞美他人能沟通自己与他人的感情。特别是当你与他人产生隔阂时，关心对方，注意和肯定他人的长处，是消除这种隔阂最有效的方式。另外，对于自己不太亲近的人，恰到好处地给予赞美，也会使双方增加亲近感，建立更进一步的人际关系。赞美可以使人们的关系亲近。同时，赞美他人也可以反过来激励自己。被人赞美的，肯定是一个人的长处。而在发现他人的优点和长处的同时，我们也会发现自己的差距，并促使自己努力赶上。所以赞美他人，在鼓励他人进步的同时，自己也会得到进步；这就如同我们前面所说的赞美他人，我们自己也可以获得多方面的回报。

既然渴望赞美是人的一种天性，那么我们在生活中就应学习和掌握好赞美他人这一生活智慧和交往技巧，迅速地缩短与他人之间的心理距离，使自己收获更多的朋友。

聊天心理学

赞美是协调人际关系的好办法，交往中从具体的小事入手，善于发现别人最微小的长处并不失时机地予以赞美。

背后赞美的异样魅力

赢得他人的好感，当面赞美固然能起到作用，但背后赞美的效果更明显。如果我们当面说别人好话，说得不当可能会被认为我们在奉承他、讨好他；然而在背后说这些相同的好话时，被赞美者就容易接受我们的赞美之词，也容易领情。

晓晓和苒苒在同一家公司上班，她们平时关系比较好。后来因为一件小事产生了误会，两个人很长时间都没有说话。彼此感觉都非常尴尬，但因为自尊心作祟，谁也不愿意先开口讲和。

一天，晓晓看到一篇关于在背后说人好话的文章，于是灵机一动，计上心来。她在与办公室其他同事闲聊的时候，趁苒苒不在，对别的同事说了几句苒苒的好话："其实，苒苒这人挺不错的。为人正直、热情，有好几次她都对我伸出援助之手。如果没有她，我现在的工作也不会这么顺心，我在内心还是很感激她的。"

这几句话很快就传到苒苒的耳朵里了。听到这些话，苒苒心里不由得对晓晓备生好感，并生出一丝愧疚，于是找了个合适的机会，主动和晓晓握手言和了。

在背后称赞别人的优点能起到事半功倍的效果。当你希望与某个人建立友好的关系时，不妨多在背后赞美他。当你在背后赞美别人的优点时，如果被赞美者听到你的赞美，他会觉得你是发自内心地赞美，而不是因为有什么目的。他会自然地对你产生好感，即使你们以前有什么过节，也会因此烟消云散。

在《红楼梦》中有这样一段描写：本来宝玉就是一个追求自由，受不得半点约束的人，史湘云、薛宝钗却用心良苦地劝宝玉好好学习，以后做官，宝玉对此大为反感，对着史湘云和袭人赞美黛玉妹妹说："林姑娘从来就没有说过这样的混账话！要是她也说这些混账话，我早就和她生分了。"

恰巧黛玉此时走到窗下，听到了宝玉对自己的赞美，"不觉又惊又喜，又悲又叹"。之后宝玉和黛玉两人互诉衷肠，更加亲密无间。

在黛玉看来，宝玉在背后赞美自己，而且不知道自己会听到，这种赞美就是发自内心的。如果宝玉当着黛玉的面说这样的好话，生性多疑的黛玉可能会认为宝玉是在讨好她或打趣她。

因此，从他人口中获悉自己受到夸奖时会感到非常高兴。而且，间接听来的赞美，意味着别人也知道自己受到赞美了。单就此点而言，既可让人觉得自己的能力受到了极高的评价，也足以说明赞美者是真心真意地佩服自己。

作为一门学问，背后赞美他人的奥妙和魅力无穷。

设想一下，若有人告诉你，某某在背后说了许多关于你的好话，你能不高兴吗？这种好话，如果是在你的面前说给你听的，或许适得其反，让你感到很虚假，或者疑心对方是否出于真心。为什么间接听来的便会觉得特别悦耳动听呢？那是因为你坚信对方在真心地赞美你。

比如，你当着领导和同事的面赞美领导，你的同事一定会认为你在讨好领导，拍领导的马屁，从而引起周围同事的反感。而假如你在领导不在场的时候，说一些赞美领导的话，这不仅不会让同事觉得你是在拍马屁，而且你的赞美，很快就能传到领导的耳朵里。

再比如，如果你和对门的女主人关系不错，你很欣赏她的厨艺，如果你在别的邻居面前夸奖她："我家对门的张太太厨艺一流呢。"这话如果以另外一种方式传到张太太那里，"某某说你的厨艺很棒啊，同一件事情直接听到或经由他人告知，究竟哪一种更令人高兴呢？不用说，大家心里也明白。

背后的赞美，首先说明你没有一点功利性，只是"无意"中说了别人的好话，对于你这种由衷的赞叹，可以想象到被赞美者"辗转"听到你的赞美之词，心里该是多么的激动和高兴。

背后说别人好话明显要比当面恭维别人效果好得多。你完全不用担心你所赞美的人会听不到你的赞美，相反，你对对方背后的赞美，很容易就会传到对方的耳朵里，对方也会因此对你另眼相待。

聊天心理学

当你希望与某个人建立友好的关系时，不妨多在背后赞美他，既可让人觉得自己的能力受到了极高的评价，也足以说明赞美者是真心真意地佩服自己。

赞美那些每个人都显而易见的部分

人与人之间的交谈，表面看起来是谈得是否投机，实际上是看能否打开心扉。对于两个完全打开心扉、非常坦诚的人而言，不管谈什么都能做到兴致盎然。如果与此相反，则即便再怎么努力，交谈也总是让人觉得艰涩。古人云，处处留心皆学问。在与人交谈的过程中，只要我们处处留心，就能发现非常多的可赞美之处。如此一来，你还发愁无法成功与他人搭讪吗？你还担心交谈不能愉快地进行下去吗？只要你认真细心地观察，真心诚意地赞美，这一切都不成问题。

因为，没有人不喜欢被赞美，每个人都会因为被赞美的感觉沉醉。不过，需要注意的是，你的赞美必须是真实具体的。如果让对方觉察到你的赞美完全是敷衍了事，甚至是睁着眼睛说瞎话，只怕你就无法如愿以偿啦。要想避免赞美时把马屁拍到马蹄子上，我们应该掌握一个原则，即赞美那些每个人都显而易见的“部分”。也许有人会觉得这样的赞美不够独特，但是与独特相比，初次见面当然是保险最重要。

赞美每个人都显而易见的“部分”，虽然对方不会觉得特别欣喜，但是你却能保证自己的赞美不会因过分而出错。例如，对于一个女孩子，你当然应该赞美她白皙的皮肤、大大的眼睛，而不能赞美她人品好，或者心地善良。因为人品好、心地善良远非短暂相处时一眼就能看出来的，所以当你用这样的形容词来夸赞女孩时，几乎无异于告诉她你在曲意奉承。但是夸赞皮肤白皙、大大的眼睛则完全无须有这样的担心。因为这个女孩也许曾经数次被人这样夸赞，所以作为初次见面的你有这样的感慨也完全是合理的，正当的。自然，她会欣然接受你的夸赞，并且觉得你是一个很擅长发现他人优点的人，也会变得乐意与你相处。如此一举数得，简直没有不这么做的理由！

作为节目主持人，薇薇总是与嘉宾相谈甚欢，甚至毫无隔阂感。这一切，都得益于薇薇擅长赞美他人的优点。每次节目开始，薇薇总是以赞美开始与嘉宾寒暄，如称赞女嘉宾的裙子非常漂亮、飘飘欲仙，或者称赞男嘉宾的西服颜色特别好，领带搭配得也很别致。尽管那些参加节目的大明星曾经得到无数的赞美，也始终顶着大明星的光环，但是当他们听到薇薇如此赞美他们时，依然觉得非常高兴，瞬间就与薇薇亲近起来。如此，薇薇主持的访谈节目总是能够得到嘉宾们更多的互动，也让嘉宾在兴之所至的时候更多地透露信息给薇薇。

由此可见，我们应该赞美他人显而易见的部分，只要能够以此打开他人的心扉，一切交谈的难题都将迎刃而解。

在与一个人四目相对时，如果是熟悉的人还可以随便找些什么话题作为交谈的由头，如果是不熟悉的人甚至是陌生人呢，要想打开话匣子可就没那么容易了。英国人见面习惯于说天气，但是在中国可没有这个传统，因而冒昧地说天气并非好主意，很有可能导致对方不知如何应答。那么，除了天气，面对陌生人，总不能问对方“吃饭了没”吧，这是熟悉的人见面时的寒暄话。其实，完全无须这么费脑筋，因为面对陌生人或者不熟悉的人，有个话题是非常保险也基本不会闯祸的，那就是赞美对方。

聊天心理学

赞美每个人都显而易见的“部分”，虽然对方不会觉得特别欣喜，但是你却能保证自己的赞美不会因过分而出错。

赞美别人的神奇力量

现代社会中的年轻人，大多数都是独生子女，而且从小在父母的呵护下长大，因而很多人都个性极强。这种情况，直接导致人们在生活中彼此宽容和忍让的能力欠缺，包括在职场上的很多磨合也都变得越发艰难。这也导致一种社会现象的愈演愈烈：很多人频繁跳槽，离婚率不断攀升。

其实所谓的与同事相处不来，性格不合、感情不和等原因归根结底都是因为人们彼此之间不能容忍。因此，人与人就像是刺猬一样，一旦靠近，就扎得对方哇哇乱叫，也扎得自己不知所措，只好赶紧离开十万八千里，恨不得老死不相往来。

一个人即使再怎么优秀，也不可能让身边的每一个人感到满意。那么，如何才能成功地改变一个人呢？以往，人们会为了爱情改变自己，但是，如果是单方面的付出，爱情也是不能长久的。相爱的人尚且如此，更别说是关系微妙的朋友、同事了。

当我们对一个人不满时，千万不要强势地要求对方改变。不管对谁，要想改变他们，我们就要学会持续地夸赞，而且把没有的事情说得跟真的一样，从而真心诚意地赞美别人。唯有如此，他人才会因为得到夸赞，努力地缩短自己与理想之间的差距，从而让自己变得越来越完美。

很多女人都觉得男人结婚后变了，从热恋时期的温柔体贴、勤快肯干，变得脾气暴躁、粗心大意，而且懒得要命。如果说婚前在一起大多数家务活儿都是男人干了，那么一旦结婚男人转眼间就会改变模样，懒得甚至连油壶倒了都不愿意扶一把。对于这样的男人，女人总是说他们太不能装了！男人很会装，其实男人婚前的种种优秀表现，都是装出来的。那么，女人也许会说，如果能装一辈子也好啊！的确，聪明的女人能让男人装一辈子，愚蠢的女人却只能让男人放弃伪装。小米和小麦姐妹俩，恰恰就是聪明女人和愚蠢女人的典型。

小米和小麦是双胞胎姐妹，是同一天结婚的。结婚之后，小米就开始夸赞丈夫。她总是当着很多亲戚朋友的面说："我家李刚特别会做饭，我最爱吃他做的饭了！你们不知道，他做的饭比五星级大厨做的饭还要好吃，而且，他每次都会细心地为我剔鱼刺。我常常想，我这辈子做得最正确的选择，就是嫁给了李刚。"与小米恰恰相反，小麦每次见到亲戚朋友都不停地诉苦："男人都是大骗子，真的。结婚之后我才知道我被骗了，杜伟结婚前对我多好啊，每天对我嘘寒问暖、呵护备至。现在呢，他再也不做任何家务，哪怕家里乱得像刚被劫匪光顾，他也佯装没看见。就更别说做饭、洗衣服了。总之，我是被骗了个天大的当。"结果，在姐妹俩喋喋不休的唠叨中，小米家的李刚表现得越来越完美。

如果是李刚曾经的厨艺并不像小米说得那么好，则他现在的厨艺已经有了很大进步，差不多可以赶上普通家常菜馆的厨师了。而小麦家的杜伟呢，也变得越发懒惰。如果说他曾经的婚后表现让婚姻看起来像个小小的骗局，那么他现在的表现则无愧于小麦整日挂在嘴边的大骗局了。

这是为什么呢？小米很聪明，她在结婚之后其实也感觉到了误差，这是大多数人面对婚姻都会有的感触。然而，她忽略了这小小的落差，而是选择更持续地夸赞李刚。李刚呢，因为总是人前人后地得到小米由衷的夸赞，明明厨艺不好，也为了对得起小米的夸奖，因而勤学苦练，最终越来越无限接近小米的夸赞。

小麦呢她不停地抱怨杜伟，而且在亲戚朋友面前揭杜伟的短，最终只能导致杜伟破罐子破摔，再也不想尝试做出任何改变。如此一来，关于小米和小麦的婚姻前景，聪明人一定会做出准确的预测。

其实，要想改变一个人，一味地指责并不能起到显著效果，有的时候还会因为他人的逆反心理，导致事与愿违。要想让一个人真正地改变自己，只有持续地夸赞他，就按照你所期望的样子夸赞，他一定会主动改变，而且变得越来越好。

聊天心理学

不管对谁，要想改变他们，就要学会持续地夸赞，唯有如此，他人才会因为得到夸赞，努力地缩短自己与理想之间的差距，从而让自己变得越来越完美。